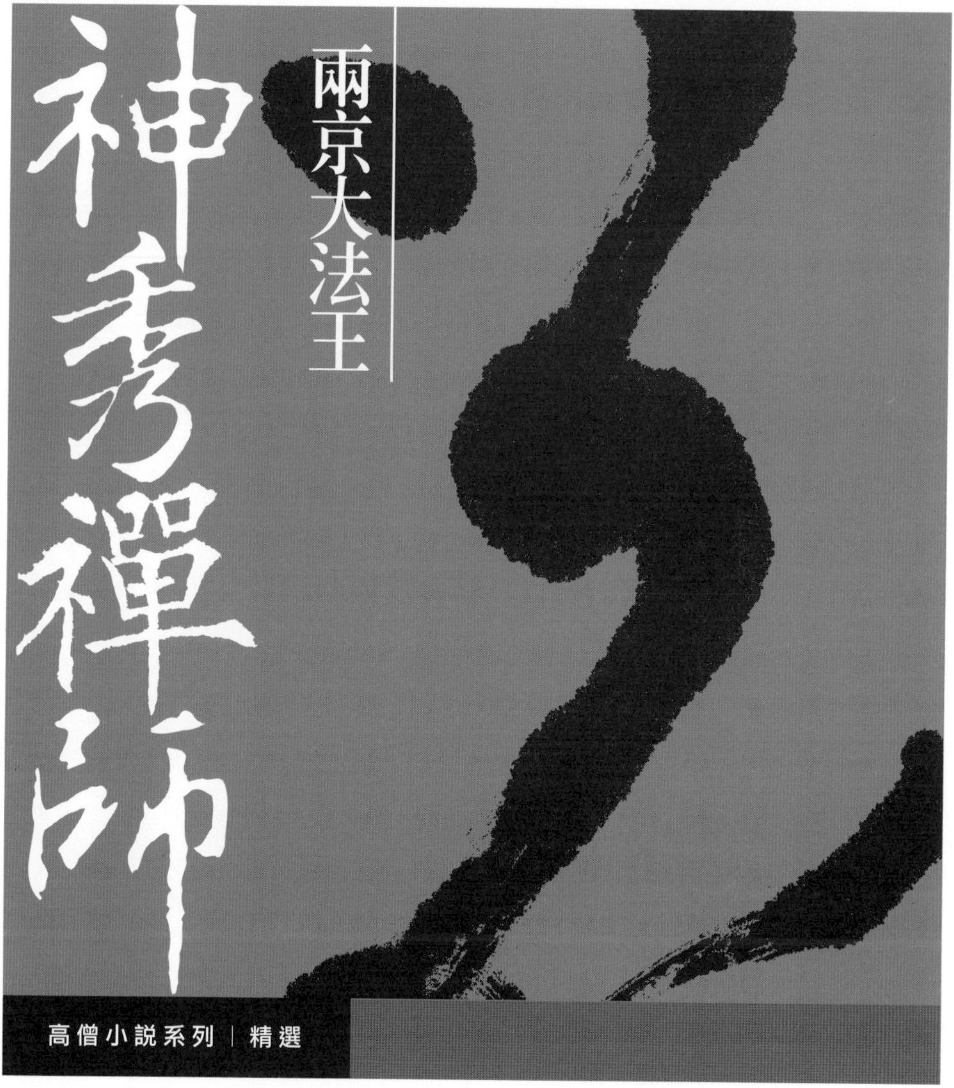

林淑玟　著◆劉建志　繪

智慧與慈悲的分享

聖嚴法師

小說，是通過文學的筆觸，以說故事的方式，表現人性之美，所以稱為文藝作品。它可以是寫實的，也可以是虛構的，但它必定是與人心相應，才會獲得讀者的喜愛與共鳴。

高僧的傳記，是眞有其人、實有其事的眞實故事，也是通過文字的技巧，以敍述介紹的方式，將高僧的行誼，呈現在讀者的眼前，也是屬於文學類的作品，只是缺少小說那樣戲劇性的氣氛。

高僧的傳記，以現代人白話文體，加上小說的表現手法，那就顯得特別生動而富於趣味化了。我從小喜歡文學作品的原因，是佩服它有高度的說服力，並且能使讀者印象深刻，歷久不忘，並且認為高深的佛法，經過文學的表現，就能普及民間，深入民心，達成化世導俗的效果。我們發現諸多佛經的體裁，是用小品散文、長短篇小說，以及長短篇的詩偈寫成的。

近代已有人用白話文翻譯佛經，也有人以語體文重寫高僧傳記，但尚未有人以小說及童話的方式來重寫高僧傳記。故在《大藏經》中雖藏有極豐富的歷代高僧傳記資料，市面上卻很難見到。我們的法鼓文化事業股份有限公司，爲了使得故典的原文很容易地被現代的讀者接受，尤其容易讓青少年們喜愛，而從高僧傳記之中，分享到他們的智慧及慈悲，所以經過兩年多的策畫運作，推出一套「高僧小說系列」的叢書，選出四十位高僧的傳記，邀請到當代老、中、青三代的兒童文學作家群，根據史傳資料，用他們的生花妙筆、豐富的感情、敏銳的想像，加上電影蒙太奇的剪接技巧，以現代小說的形式，生動活潑地呈現到讀者的面前。這使得歷史上的高僧群，都回到我們現代人的生活中來，陪伴著我們，給我們智慧，給我們安慰，給我們健康，給我們平安。

這套叢書的主要對象是青少年，但它是屬於一切人的，是超越於年齡層次的佛教讀物。

我要在此感謝參與這套叢書編寫出版的全體工作人員，包括編者、作者、畫家、審核者、校對者、發行者，由於他們的努力，才能有這項成果奉獻在廣大的讀者之前。也請諸方先進和所有的讀者，多給我們鼓勵和指教。

一九九五年四月八日晨
序於台北法鼓山農禪寺

推薦序

人生要通往哪裡？

蔡志忠

「只有死掉的魚，才隨波逐流！」

人生是件簡單的事，是我們自己把它弄得很複雜的。

魚從來都不思考：

「水是什麼？

水爲何要流？

水爲何不流？」

這些無謂的問題。

魚只有一個最簡單的問題：

「我要不要游？
如何游？
游到哪裡？
游到那裡做什麼？」
人常自陷於無明的憂鬱深淵，無法跳脫出來。
人也常走進一條沒有出口的道路，
才發現原來這根本不是自己的人生之道。
兩千五百年前，佛陀原本也自陷於
人生的痛苦深淵……，經過六年的
修行思考，佛陀終於覺悟出：
「什麼是苦？
苦形成的次第過程？
如何消滅苦？
通往無苦的解脫自在之道。」

這也就是苦生、苦滅，一切因緣生的「三法印」、「緣起法」、「四聖諦」、「八正道」，所有攸關於人產生煩惱痛苦的原因和達到解脫、自在、清淨境界、彼岸之道的修行方法。

佛陀在世時，傳法四十五年，佛滅度後，佛陀的思想由他的弟子們傳承到後世，成爲今天的佛教。在佛教的發展過程中，留下了許多動人的高僧故事。

除了《景德傳燈錄》記載著所有禪宗各支歷代高僧學佛得道的故事之外，《大藏經》五十卷的〈高僧傳〉、〈續高僧傳〉裡也記載很多歷代大師傳記典故；此外，還有印度、西藏、日本等地大師的故事。通過閱讀過去大德諸賢的故事，可以讓我們對人生的迷惘問題得到啓發。

胡適說：

「宗教要傳播得遠，

佛理要說得明白清楚，

都不能不靠白話來推廣。」

這套高僧小說也繼承這使命，以小說的方式講述高僧的故事。讓讀者能透過這些歷代高僧的故事，得以啓發人生大道。相信做爲一個中華民族的後代，身在儒、釋、道思想的傳統文化背景下，如能透過高僧小說多了解佛教思想，對自己未來人生之路的導引和思考，必定能獲得很大的益助。

謙虛的大國師

以前年輕的時候，沒學佛，對於惠能大師的偈：「菩提本無樹，明鏡亦非台；本來無一物，何處惹塵埃？」倒是能倒背如流。並且因爲電視劇的關係，主觀的認爲，神秀禪師的程度比較差，又會仗著是「上座、國師」的位置壓人，覺得很不恥！

學了佛，又有機緣寫神秀禪師的故事，細細地讀過他的傳記，才赫然發現，神秀禪師是個非常了不起的人，我們都誤解了他！

上根利智的惠能大師，雖沒讀過書，卻能聞一句「應無所住而生其心」而開悟，在中國歷史上找不出第二位來，的確令人稱羨。可是我們也只能羨慕而已，因爲我們大部分的人其實是和神秀禪師一樣，屬於煩惱習氣重的人，日日在妄想、執著、分別中打滾，無有一刻能出離。不能放下執著、分別，而妄談開悟，或只會在心裡羨慕，就好像看別人吃飯一樣，自己的肚子永遠不會飽！

然而，神秀禪師卻用極度的謙虛，來展開學習，並且毫無保留的，將他體悟的佛法，及修學方法，傳與別人。這是我們一般人望塵莫及的。

神秀禪師的謙虛，在日用平常當中，時時展現，而這也是本書介紹的重點。這一切，只有留待讀者自己去閱讀、體會。相信，大家會和我一樣，從神秀禪師的行持中，學到很多、很多……。

01

擔水的老僧

故事的場景是唐朝中葉，湖北省一座山中的禪寺。

天才矇矇亮，山裡的一切還昏睡著，四周一片沉靜。

山腰的小路上，有個移動的人影。他肩挑兩個裝滿水的大木桶，有韻律地跨著腳步，臉不紅、氣不喘，迅速地往山上走去。

黃梅雙峰山的東山寺，在朦朧的晨曦中巍然矗立。

這個挑水桶的人，在離三門不遠處轉個彎，岔進另一條小徑，繞了一圈，來到寺院後面的廚房，直直地走到大水缸旁，才停住腳步。他慢慢地卸下肩膀上的扁擔，小心翼翼地不讓水潑灑出來。放下扁擔後，他雙手抬起水桶，將水倒進大水缸裡。此刻，他更小心、更輕柔，不讓一滴水濺出來。

他把水倒好後，立刻將水桶收到角落，倒扣起來。然後，從門後取出一團收拾得整整齊齊的麻繩，掛到扁擔上，正準備跨出門檻，迎面來了另外兩位挑水桶的僧人，他趕緊讓到一旁，讓兩位僧人先進來。

兩位僧人一看到他又要出門的樣子，把水桶往地上一放，大叫起來：「神秀法師，您的水已經挑完啦？」

「什麼？我們才挑兩趟，您五趟已經挑完了！」個兒高一點的僧人，揩揩頭上的汗珠，喘噓噓地說：「神秀法師，看不出您已經是五十歲的人了，比我們這些年輕人還厲害呢！」另一個也撫著胸口，上氣不接下氣說：「是啊，是啊！我走完一趟，腿已經開始發抖；走完第二趟，全身的骨頭都快散了……。」

神秀禪師嘴角微微一揚，雙手合掌答道：「神秀知道自己年老力衰，所以比各位早起，把事情先做好了。兩位同修不必擔心打柴的工作，我會多挑一些，兩位只要把挑水的工作做好，就可以去做早晨的課誦了。」

說完，神秀禪師又作個揖，轉身走出廚房。

望著神秀禪師的身影，在明亮的晨曦中逐漸遠去，兩位僧人露出慚愧的臉色：「眞慚愧！我們怎麼好意思讓他分擔我們的工作呢？」

「是啊！我們趕快把水挑完，去打柴吧！」

兩人迅速地把水桶倒空，快步地往山下走。因爲肩上空了，輕鬆了些，兩人不禁聊了起來。

高個兒說：「我聽說，神秀法師是個飽讀詩書的人呢！」

另一個連忙點頭附和：「是啊！你看他長得相貌堂堂，說話有條不紊的，一看就知道是個讀過書的人。」

「眞是了不起！一個讀過書的人，跟我們這些老粗一塊兒挑水、打柴，沒有一點兒怨言，還處處爲我們著想，分擔我們的工作，眞教我打從心裡佩服。」

另一個僧人頭點得更兇了：「正是！正是！他剛到咱們東山寺，拜弘忍師父爲師時，我看他長得高俊挺拔、一表人才，又已經五十歲了，心想恐怕是個光說不練的傢伙吧！沒想到，他竟然願意跟我們做這些粗活，而且處處表現出謙虛的樣子，這才相信，他是有眞才實學啊！」

「現在，除了師父，他算是我最讚歎、佩服的人了，我們應該好好跟他學習才對！」

「嗯！他是我們學習的榜樣。」

這時，高個兒抬頭看看天色，加快腳步：「啊！我們得快點兒了，否則，讓神秀法師眞的幫我們打好柴，那可眞要慚愧得無地自容了！」

兩位僧人在小路上快跑起來，只聽得空水桶的甩動聲，和著早起鳥兒的啁啾聲，在山間回響起來。

02

弘忍師父

夜已經很深了，半圓的月亮，斜掛在天邊，好像要掉到山後面去了。檸檬黃的月光，襯著深藍的天色，冷冷地籠罩著沉靜的東山寺。

這麼美的夜色，並沒有人欣賞，因爲經過一天的忙碌，東山寺的僧人都沉沉地睡著，寮房裡傳來均勻的呼吸聲。唯獨禪堂裡，透出一絲燭光。

寬敞的禪堂，亮著如豆的燭火，照著閉目靜坐的神秀禪師。

閃耀的燭火，映照著神秀禪師剃光的腦門，好像覆蓋著一層白霜。仔細一看，原來是剛剛冒出的髮根，已經翻白了。他的眼角和嘴角布滿了細小的皺紋，似乎經歷過許多的風霜。如果拿他和那些年輕的僧人相比，神秀禪師顯得老態多了。

說眞的，像神秀禪師這樣，五十歲才投拜到弘忍師父座下當弟子，黃梅東山寺還眞找不出幾個來。可是，神秀從小就聰穎過人，遍覽經史，有著很好的國學基礎。十三歲出家，二十出頭在洛陽天宮寺受了具足戒❶；他一直精進修行，並且廣習大乘經論，有相當深厚的佛學基礎。只是，他一直找不到適合自己修學的法門，直到五十歲，聽說東山寺的弘忍師父禪法高明，立刻

趕來投拜門下。

弘忍師父傳承了禪宗四祖道信的禪法，體悟深刻。雖然東山寺上上下下有三千多人，但是他對弟子的要求很嚴苛；只要是初入門的弟子，不分年紀，也不管是否在別的道場學習過佛法，都要參與勞務、工作。因爲弘忍師父主張，日常生活裡的一切都是禪，不是只有坐在禪堂裡，才叫學禪。

雖然神秀禪師出家三十多年，僧臘❷算不小了，對經論也頗有研究，可是既然願意投拜到弘忍師父的座下，就得按照師父的規矩，和其他年輕力壯的僧人一樣，打柴、挑水、種菜、灑掃，樣樣從頭來。

爲了求法，神秀禪師沒有發出任何的怨言，也沒有露出任何的不快，反而比年輕人更早起、更晚睡，甚至主動分擔別人的工作，與大家和睦相處。在道業上，更是不分日夜，努力精進，以便有朝一日，可以親近弘忍師父，聆聽他的教誨。

就像此刻一樣，爲了白天繁重的勞務，大家都去休息了，他卻戰戰兢兢地小睡片刻而已，把安靜的夜晚時間，拿來靜坐、參究，深怕浪費了絲毫的時日。

神秀的努力精進，細心的弘忍師父看得清清楚楚，覺得他是可造之材，一直想找個時間，和他對談，了解他體悟的程度。

觀察兩、三年後，時機成熟了。

這一天，弘忍師父把幾位大弟子叫到跟前，教大家坐禪❸。

「首先，我要解釋什麼是『禪』？『禪』的意思是：外不著相，內不動心。」

所有的弟子都豎起耳朵專心聆聽。

弘忍師父繼續講解：

「什麼又叫『外不著相，內不動心』呢？世間的人每每做了一件好事，就會在口上誇耀，譬如：我供養師父多少錢、我捐了多少錢幫助窮人、我造橋修路盡了多少心力等等。就算是不在口頭上說，心裡也難免得意，覺得自己有些了不起。要是遇到倒楣的事情，那就更不得了，不僅是心裡怨恨別人，一定也要在嘴裡罵個幾句，好消消氣。

「這些，全叫著相、動心。因爲我們的心，被這些外在的事相牽著鼻子走，起了歡喜或是討厭的分別心，心因此被攪得起起伏伏，亂成一團。」

弟子們聽了，紛紛自我反省，看看自己是不是也犯了這些毛病。

「做爲一個佛弟子，一定要知道，陞座講經是一件事，挑水、擔柴、煮飯，也是一件事。事情的本身並沒有高尚或是低下的分別，是人的執著把它們區分了。所以，這就是爲什麼我要求你們，不分年齡大小，不管職位高低，都要從擔柴、打水，操持各種勞務開始。

「在座的各位，來到東山寺已經好幾年了，有沒有體會到事情本無高下的道理呢？或許有人已經體會到，操持勞務的時候，因爲太專注了，還比較不會亂七八糟地想。可是，只要一靜下來，心裡反而浮起各種奇怪的念頭，揮不去、趕不走，不知道該怎麼辦才好？所以，今天我要教大家如何坐禪，教大家用兩種方法伏住自己的妄念❹，使得在『靜』中也能保持清淨心。」

大家一聽，全露出期盼的眼神。

弘忍師父則不疾不徐地解說：「第一個方法，叫作『看一字』。當我們靜坐的時候，要放寬身心，端正身體，眼睛平視遠方，好像要看到天地交接處的那個『一』字。」

許多弟子都露出茫然的表情，但是神秀的眼睛卻流露出欣喜。

弘忍師父故意裝作沒看見，繼續說：「剛開始，因爲心還容易隨便攀緣，也許，你看不到天際的那個『一』。但是，你可以先學著向心中看『一』字。」

有人開始收斂身心，集中心神，努力想看到那個「一」字。

弘忍師父依舊不動聲色：

「如果你能看到自己心中的那個『一』，並且專注在『一』字上，什麼都不想，努力用功，有朝一日，你發現，被看的『一』，或看『一』的我，都不見了！

「那時，彷彿就立在山頂，展開一望無際的視野，心中一片清明，身體也無比地輕快。如果眞能達到這樣的工夫，我要恭喜你，因爲你算是入門了！」

這時，有人興奮得猛點頭，而神秀則抿嘴微笑起來。

「如果你覺得看『一』字不容易掌握，也可以依照第二個方法，就是『觀日法』來練習。」

弘忍師父補充說明：

「首先還是要將身體坐好，保持正念❺，閉眼合嘴，調勻氣息。然後觀想眼前有一輪火紅的落日，心念則緊緊守護住一個圓滿的清淨心。

「只要能好好練習，當行住坐臥都能守住眞心的那一天，被看的落日，和看落日的我，也都會消失了，那也就離得定不遠了。」

弘忍師父承襲了他的師父──四祖道信的道風，主張「守本眞心」。他認爲，眾生本來就具有清淨心，卻被妄想嚴重地污染了。如果能守護住這一個本來就圓滿的清淨心，不要打妄想，遠離污染，就能獲得解脫。

弘忍師父用「看一字」和「觀日法」教弟子們遠離妄想，找回本來就具有的清淨心。

神秀禪師在年少的時候，就讀過許多經史，知識廣博。出家以後，又博覽大、小乘經論，也通曉四分律。所以，弘忍師父所主張的「守本眞心」，對他來說，可說是非常的熟悉，他一聽就懂了。

聽著聽著，神秀禪師嘴角揚起微笑，眼裡透出興奮的光芒，不住地在心裡

讚歎著：「出家三十年，現在，我才眞正找到教導我的老師啊！」

❖註釋❖

❶具足戒：為比丘、比丘尼當受的戒，比丘二百五十戒，比丘尼三百四十八戒。

❷僧臘：又稱戒臘或法臘，即比丘（尼）受戒後經過的年歲。

❸坐禪：靜坐禪修的意思。

❹妄念：虛妄、不正確的念頭，也就是凡夫貪戀虛妄境界的心。

❺正念：正確的念頭，也就是常常憶念正道，不使思想行為有錯誤。

03

神秀上座

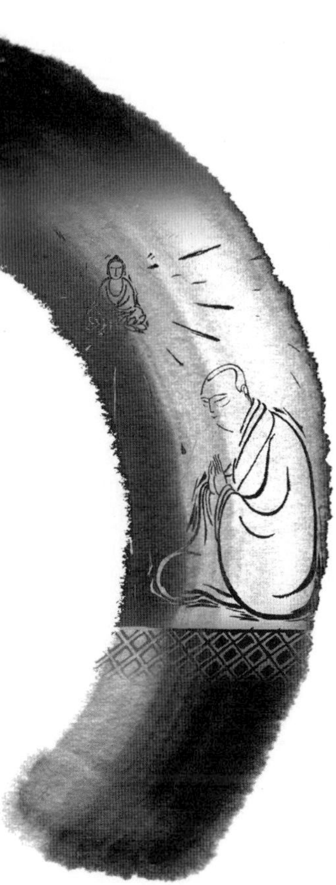

神秀聽到弘忍師父的開示，能有如此的反應，師父銳利的眼睛當然注意到了，他感到非常的欣慰。

接下來的一段時日，弘忍師父特別把神秀留在身邊，和他討論佛法。神秀精闢的見解，及維護禪宗法門的用心，弘忍師父都看在眼裡。他高興地對其他弟子說：「以後東山法門的傳承，就要靠神秀了！」

同時，他也對神秀說：「我大開東山法門，來這兒學習的人很多。可是這麼多弟子當中，就屬你最能體悟禪法的味道。」

聽到弘忍師父這樣讚賞，神秀禪師反而更加謙虛，一點兒也沒有自滿的樣子。

這一天，弘忍師父把大家召集到大殿上，說：

「大家出家都已經一段時日了，知道佛門裡的一些規矩，也知道佛門對法臘高的比丘特別尊重，會請他們擔任一些相關的職務。

「依戒律來說，從受戒的第一個夏安居❶到第九個夏安居，我們稱爲下座。從第十個夏安居到第十九個夏安居，是爲中座。然後，從第二十個夏安

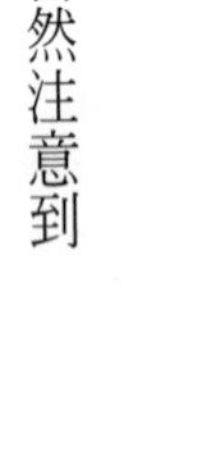

居至第四十九個夏安居，我們稱爲上座。

「上座又名尙座、首座、長老，因爲法臘高，可以坐上位。

「在座的各位中，許多人早已被稱爲長老了。其中，神秀法師的法臘已超過三十，足以被推爲上座。而且神秀法師也時常爲信眾或初出家的僧眾，講解佛法，破除他們的疑惑。他自己並且以身作則，教導大家如何遵守威儀、如何使僧團和合清淨，足以擔任教授師的職務。

「我這樣提議，不曉得大家覺得恰不恰當？」

大家聽了弘忍師父的薦舉，就要無異議的通過時，神秀自己卻提出了反對的意見。

神秀看看隨侍在弘忍師父身旁的幾位師兄弟，開口說：「師父對我的厚愛，我很感激！可是我到東山寺才幾年，對東山寺的事務並不熟悉，恐怕不能擔當這樣的重任。」

弘忍師父反問道：「你認爲有更適合的人選嗎？」

神秀禪師合掌一拜，回答：「像智詵法師、法如法師、慧安法師、玄賾法

師、宣什法師等幾位師兄，不僅法臘高，修學的程度、境界也都比我好，應該由他們擔任才是。」

弘忍師父微笑地說：「我認為你最適合，你就不要謙虛推辭了。至於法如法師他們，我另有工作派給他們。」

聽到弘忍師父這麼堅持，神秀不便再說什麼，唯有聽話地接受，其他的人也跟著附和通過了。

當上首座及教授師的神秀禪師，仍然一本謙虛的本懷，對人恭敬，隨時傾囊相授。即便是山野鄉夫來請示一些生活上的瑣事，也沒有一絲一毫的不悅。因此，贏得東山寺裡上上下下一致的尊崇。

❖註釋❖

❶夏安居：又稱結夏，即在夏季的三個月中，僧眾不得隨意外出，以便致力於修行。

04

惠能的旋風

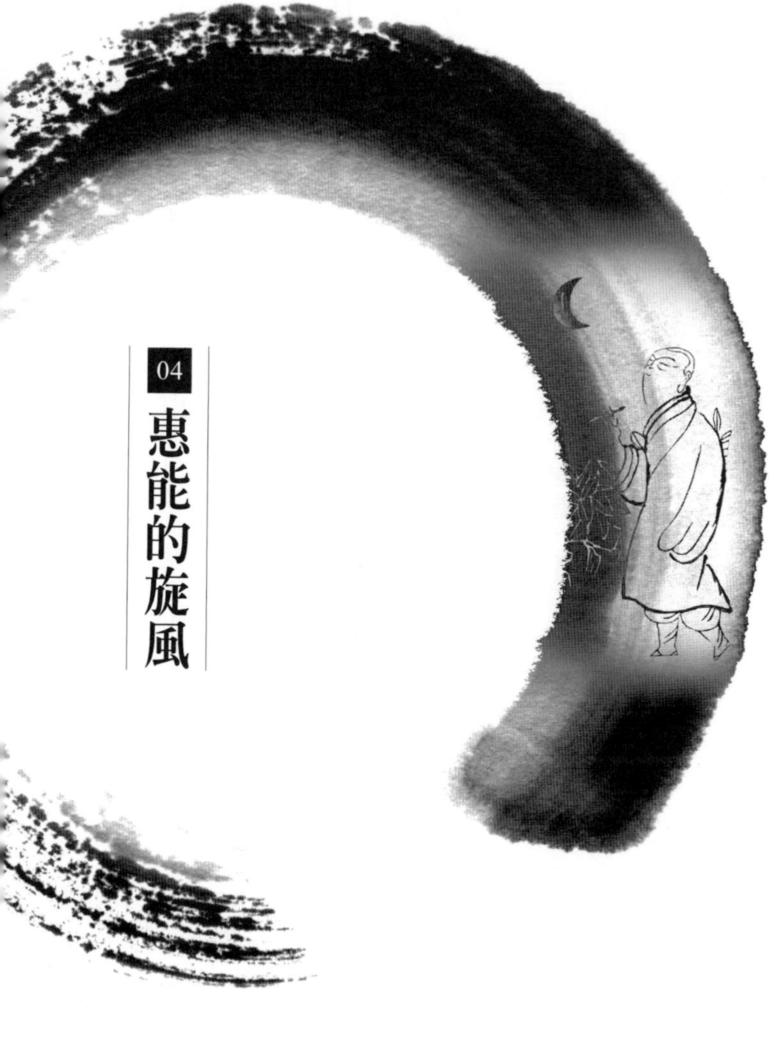

時光飛逝，一眨眼神秀禪師到東山寺已經六年了！

在這六年裡，神秀禪師不僅操持勞務很盡心，在道業上也努力用功，因而得到弘忍師父的稱讚，並且讓他擔任上座及教授師的職務。

因爲弘忍師父的推崇，東山寺裡上上下下都心服於神秀上座，以他爲學習的榜樣。

這時，從嶺南忽然來了一個叫惠能的人，他走了三萬里路，特地來拜弘忍師父爲師。

惠能很年輕，只有二十四歲，沒讀什麼書，平常靠打柴爲生。有一天，他去送柴時，聽到旅店有個客人持誦《金剛經》。他好奇地停下來聽，當聽到「應無所住而生其心」時，忽然很有感覺，就問客人讀的是什麼？於是，客人介紹他到黃梅來找弘忍大師。

當弘忍師父接見他時，第一句話便問道：「你是哪裡人？要來做什麼？」

惠能回答：「弟子是新州的老百姓，要來做佛！」

弘忍師父哼了一聲：「嶺南人都是短嘴狗，沒有佛性，怎麼做佛？」

惠能還是恭恭敬敬地回答：「人雖有南北之分，佛性卻沒有南北的分別呀！」

這樣的回答，弘忍師父聽了很訝異，站在一旁的神秀禪師也心中一震，覺得是從沒聽過的言論。而神秀禪師也注意到，師父本來還想說些什麼，卻硬生生地吞了下去，反而眼一瞪，手一揮，大聲喝道：「這狗子，胡言亂語，到臼房舂米去！」

於是，惠能也和每一位新來的弟子一樣，在東山寺做起打柴、汲水、舂米的工作。

這一段時間，惠能待在臼房裡，而神秀禪師則依著弘忍師父的教導，學習禪法，並帶領著僧團❶如法修學。他們從沒交談過。

這一天，弘忍師父將已經開始學習禪法的弟子，全都召集到大殿裡，說：

「我曾經對你們說過，世間的眾生，一直都在生死的大海裡流轉，不知道、也找不到出離生死的方法。平常雖然也做些善事，卻只是種點世間的有漏

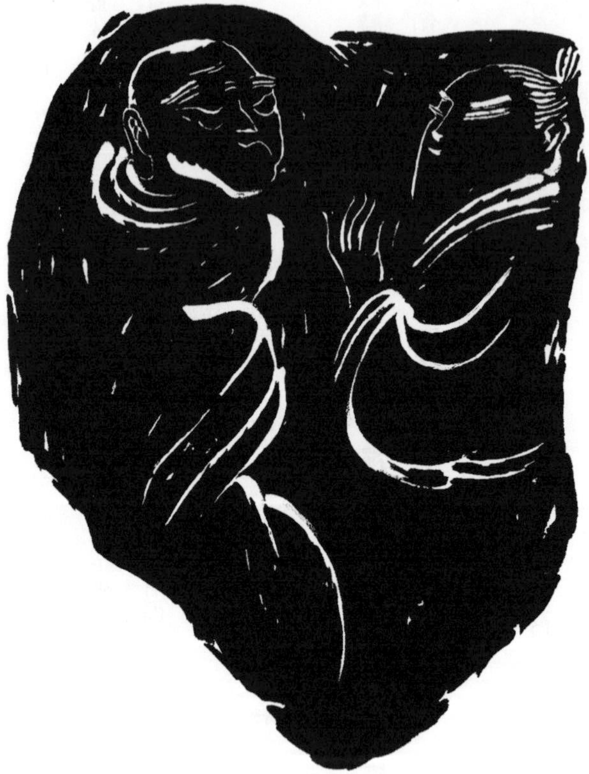

福報❷，來生變成大富大貴的人後，又造了更大的罪業。

「今天，你們有機緣到佛門來修行，應該是爲了尋求解脫生死的方法，你們一定要如法修行，不能繼續迷失在世間的福德裡，否則如何能得到最後的解脫呢？」

大家本來以爲，弘忍師父把大家召集過來，不外又是開示佛法、交代注意事項等等，沒想到竟是這麼嚴肅的話語，說得大家不自覺地挺直了身子專心聆聽。有人甚至覺得，師父好像是特別針對他說的，趕緊暗暗檢討，最近是不是有什麼疏失的地方。

看大家豎耳垂目的專心聽，弘忍師父繼續說：

「爲了要了解你們領悟的程度，我要你們每個人寫出一首偈來，讓我看看你們是不是能在文字中，表達出自己心中領悟的程度？如果你們當中已經有人能夠見到自己的眞性，我就將四祖道信傳授給我的衣鉢交付給他，讓他成爲第六代祖師。

「好啦！我的話就說到這裡，你們散去後，趕快作偈。

「記住！不要用你們的心去思考，有什麼寫什麼，不要浪費時間，快快做上來給我看！」

弟子們一聽，在殿堂上不敢說話，但後腳才離開大殿，立刻就擠成一堆，七嘴八舌地議論起來：「寫一首偈？我連『開悟』是什麼都不知道，怎麼作偈？」

「我才到禪堂十天而已，寫什麼偈啊？」

「我敢說，我寫出來的偈，包準會笑掉大家的大牙。」

「唉！就算我擠破頭寫出來，也不敢拿去給師父看！」

「是啊！我們哪有什麼資格寫偈，最有資格的是神秀上座啊！」

大夥兒一聽，立刻點頭同意：「對對對！神秀法師是上座，又是我們的教授師，一定能寫偈。」

「是啊！師父還曾經親口對他說：『東山法門的傳承，就靠你了！』有許多人都聽到呢！」

「就是嘛！我們是什麼料，自己很清楚，一定寫不過神秀上座的。」

「對啊！我們就不要白費力氣了，等神秀上座寫完，得到師父的認可，我們再跟著神秀上座學就是啦！」

就這樣，大家都不寫了，等著看神秀禪師把偈呈給弘忍師父。

神秀禪師知道後，留在房裡反覆思索。

他坐在桌邊想：「大家所以不呈偈，是因爲我是他們的教授師，以爲我的修持比他們好，一定可以作出偈來。假如我不作出來，第一，會辜負眾人對我的期望；第二，會違背師父平日的教導。我……該怎麼辦呢？」

他想了好一會兒，實在想不出好辦法，站起身，又踱到窗邊沉思起來。

「如果我呈偈的用意是『求法』，是懇求師父印證我的工夫如何，這種良善的動機，不僅是我自己，也是大家可以接受的。否則……，爲了繼任第六代祖師的衣缽而呈偈，不要說我自己不願意，也是大家所不恥的！」

有了這樣的想法，神秀的心稍稍安定了些，但仍在斗室內來回地踱起方步：「如果我要呈偈，動作也得快一點了。師父向大家宣布到現在，已經好幾天過去了，大家按兵不動，就等著我來呈，我若不快點兒呈，師父還以爲我們故意不聽他的話，大夥兒也會以爲我根本沒如法修行。唉！好難、好難啊！」

好不容易才安定下來的心，因爲起了這個念頭，神秀的心頭又像海浪一樣地波濤洶湧起來。

就這樣，神秀反覆思考，把自己關在房裡，連房門也沒踏出一步。好不容易把偈子作出來了，他又想到另外一個問題：「我應該親自把偈呈給師父？還是請小沙彌幫我送過去？……或者，從門縫底下，偷偷地塞進去？」

突然，他用大巴掌拍拍自己的腦袋：「怎麼可以用偷塞的，我應該堂堂正正地當面呈給師父才對呀！」

有了決定，神秀立刻拉開房門，朝弘忍師父的房間走去，可是才走到師父的房門口，神秀突然覺得口乾舌燥，汗流浹背，手腳發抖，全身不聽使喚，嚇得他轉身逃回自己的房間。

回到房間後，神秀對自己會有這樣的表現，覺得不可思議：「怎麼會這樣呢？我是去見師父，又不是做了什麼虧心事，幹嘛這麼心虛呢？」

於是，他又鼓起勇氣，舉步來到弘忍師父的房門前。但是，他一看到師父

的門，又開始心跳加快、額頭冒汗，腳都抬不起來，只好轉身，又快步跑回自己的房間。

就這樣，經過四天，走了十三次，神秀每到弘忍師父門前，就心虛、冒汗、手腳發軟。他不敢敲門，只好悶悶不樂地回去。

最後，神秀又坐在桌邊思考起來：「到底該怎樣把偈呈給師父呢？……可不可以……寫在一個師父看得到的地方？」

這時，他想起弘忍師父房前的牆壁。

那面牆壁很大，弘忍師父原來想請一位善於畫佛像的盧珍居士，畫一幅世尊宣說《楞伽經》的變相畫，也就是把世尊當時在楞伽法會說法及眾人聽法的事實狀況，畫成圖畫。另外，再畫一幅禪宗歷代祖師，從初祖達摩、二祖惠可、三祖僧璨、四祖道信到五祖弘忍，一脈相傳的血脈圖，讓後人看到這兩幅圖畫以後，自然生起恭敬的心。

由於弘忍師父和盧珍居士還在討論之中，牆壁至今仍然空著。

神秀一想到這些，立刻有了主意：「我何不把偈寫在空白的牆壁上，不要署名，師父一定可以看得到。如果師父看了，覺得已經開悟，我就承認是我寫的。要不，我再去把它擦掉。如此一來，我已經作出偈來，算是對師父有交代，同時，也免除同修們等待之苦。」

有了這個好主意，神秀立刻覺得神清氣爽，他抬頭望望窗外，竟已是滿天星斗的深夜，正是去寫偈的好時間。於是，他拿起筆墨，來到牆壁前，就著月光，寫下：

身是菩提樹，心如明鏡台；
時時勤拂拭，勿使惹塵埃。

照理說，神秀把偈寫好了，應該鬆了一口氣才對。可是，因爲神秀是個仔細的人，回到房間後，他又覺得後悔起來了，想想現在也擦不掉了，更是不知道該怎麼辦才好？就這樣思前想後，折騰了一夜，直到天亮。

一大早，神秀禪師的偈就被同修們看到了，立刻鬧哄哄地傳開來，並且驚

身是菩提樹
心如明鏡臺
時時勤拂拭
勿使惹塵埃

動了房裡的弘忍師父。

當弘忍師父緩步來到牆壁前時，牆前已是萬頭攢動，所有的弟子全擠在那兒，吵吵嚷嚷的。他們一看到師父來了，趕緊讓出一條路。

弘忍師父站在牆前，把神秀的偈讀了一遍，心裡知道，寫這首偈的人，還沒有開悟，但也算是得到一點禪修的皮毛了，他轉身對大家說：「這首偈寫得很好，你們只要肯按照他的方法，好好地修，不會墮惡道❸，也可以得到大利益。」

因爲弘忍師父的推介，所有東山寺的老老少少，立刻在嘴裡念了起來，有些認眞一點兒的，很快就背得滾瓜爛熟了！

接著，大夥兒開始打聽：「牆上的那首偈，是誰寫的？」

「我猜是神秀上座寫的！」

「應該是他，筆跡像他的。」

「八九不離十啦！東山寺裡，誰能寫偈，我們大家心知肚明，不是他還有誰呢？」

覺得是神秀上座後，大夥兒又開始讚歎起來了：「我就說嘛！除了神秀上座，誰能寫出偈來！」

「而且，你們聽到沒？連師父都稱讚呢！」

「對啊！多念後，就不會墮惡道。了不起啊！」

「你會背了沒？我可是倒背如流喔！身是菩提樹……。」

說著說著，大家又琅琅地念了起來。在他們的心裡，神秀上座是他們學習的榜樣，由他來承襲弘忍師父的位置，再恰當也不過了。

然而，這天夜裡三更，正是夜深人靜的時刻，東山寺裡的僧眾都沉沉地睡著，寂靜的長廊卻響起輕輕的腳步聲，只見一個寬袍大袖的人影，迅速地移到神秀門前。

屋裡的神秀因爲又陷在苦思中，完全沒聽到房門外衣角飄揚的窸窣聲。甚至當房門突然響了三聲時，還把他嚇了一大跳。他毫不思索地衝到門口，打開一看，原來是罩著黑衫的弘忍師父站在門外。一見到師父慈祥的眼光，神秀不禁低下頭去，一句話也不敢說，反而是師父先開口輕聲地說：「到我房裡來說

話。」

神秀來到弘忍師父的房間，還是戰戰兢兢的，低頭不敢說話。師父柔聲地問：「我知道那首偈是你寫的。」

神秀一聽，整個人幾乎趴到地上去，顫抖著說：「弟子慚愧，所以斗膽地寫出來，不是希望得到祖師的位置，實在是希望師父看看弟子有沒有一點智慧了？」

弘忍師父把神秀扶起來：

「那一天，我要大家作偈時，特別提醒大家，不要思考太多，只管把心中的領悟，自然地呈現出來。

「而你，還沒入門，只在門外徘徊。

「因爲你凡事想太多，太在意別人的感覺，患得患失，這是你無法見性❹的主要原因。」

這些話，句句都說中神秀的要害，聽得神秀的頭更低了。弘忍師父看了，知道神秀已經了解自己的意思，繼續慈聲地說：

「我們禪宗，是活活潑潑的，絕對不要拘泥語言文字，這樣反而綁死了自己。

「去吧！回你房內，把一切都放下，看看能不能再寫出一首偈來？只要我看過，確定你開悟了，我一定會將衣缽傳給你。」

聽了這話，神秀只有再退回自己的房間，苦苦思索。可是，弘忍師父的開示不僅沒有幫助，反而變成更重的負擔，他繼續陷在其中，無法超越。雖然努力了好幾天，還是寫不出來。

這些事，東山寺裡的上上下下全然不知道，仍把他的偈奉爲修學的指標，時時在口中念著。

這一天，弘忍師父房前的牆上，竟又被寫上一首偈，當然也引起一陣騷動。風聞而來的僧人，擠在牆前，小聲地念著：

菩提本無樹，明鏡亦非台；

本來無一物，何處惹塵埃？

沒一會兒，牆壁前又引來一大群人，連弘忍師父都來了。大家議論紛紛，原來這首偈，居然是不識字的惠能口述，再請人幫他寫上去的，大家都等著看師父的反應。沒想到，師父一言不發脫下鞋子，把惠能的偈抹了去，嘴裡罵道：「亂塗鴉，把牆壁都弄髒了！」

說真的，稍微有點修持的僧人們讀了惠能的偈，都隱隱約約有點感覺，覺得惠能的境界比神秀禪師好，可是卻不敢確定。現在聽了弘忍師父的話語，知道自己判斷錯誤，連忙又提起神秀禪師的偈繼續念。他們不知道，其實師父所以這樣做，可有他長遠的眼光。

接下來的幾天，弘忍師父突然生病了，只能躺在房裡休息。弟子們都非常擔心，除了到房裡請示東山寺的寺務外，也小心翼翼地提醒師父，如果必要，擇個日子，把衣缽傳給適當的人。

而所謂適當的人，指的當然就是神秀上座囉！在大家的心目中，有誰比神

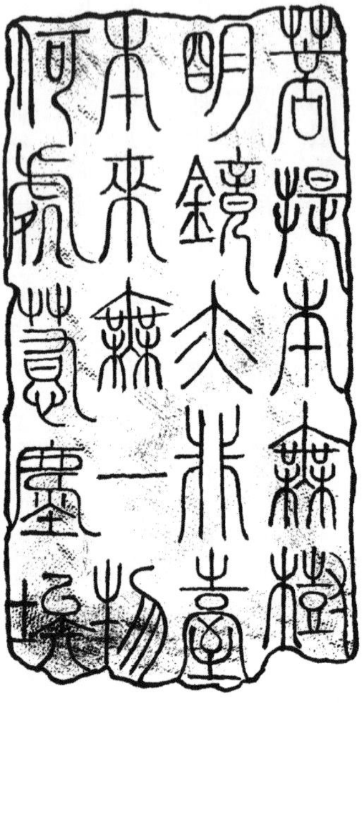
菩提本無樹
明鏡亦非臺
本來無一物
何處惹塵埃

秀上座更適合繼承衣缽呢？

沒想到三天後，弘忍師父卻忽然說，他已經把衣缽傳給惠能，而惠能也早就離開東山寺，渡江到南方去了。

這樣的宣布立刻引起軒然大波，許多崇拜神秀上座的僧人不服氣地說：「我看，衣缽恐怕不是傳的，是那個南方蠻子搶的吧！」

「是啊！是啊！他知道師父把他的偈擦掉，心裡不舒服，趁著夜晚，就用搶的了！」

「南方蠻子懂什麼佛法嘛！衣缽應該傳給神秀上座才對啊！」

「對對對！神秀上座應該才是咱們禪宗第六代祖師！」

「走！我們去把衣缽搶回來！」

於是，所有年輕力壯的僧人全出動了，分成好幾路，往南狂奔，想搶回衣缽。

只有神秀禪師，安安靜靜地待在房間裡，深深地思考著。

他知道，爲衣缽而爭奪是不對的，那不是祖師的原意。何況，佛門裡以和爲貴，有沒有修持是個人的事情，實在不需要爲象徵性的衣缽而起爭端。可是他勸不動那些心浮氣躁的同修，恐怕只會火上加油。

反倒是他個人，知道弘忍師父把衣缽傳給惠能後，心情卻是頓時輕鬆起來。一來是高興師父將衣缽囑託給適當的人，二來是自己不再背負師父及同修的期望，可以在道業上心無旁鶩地繼續修學。

這樣快樂的心情，有如春天的陽光，將他積聚近半個月的心頭陰霾，一掃而空。突然，他有一股衝動，想繞一繞東山寺。當他拉開房門，發現竟又是滿天星斗的夜晚，而偌大的東山寺就在星光交輝中，穩穩地座落在雙峰山頭。

且不說白天的東山寺，有許多人在走動，撞鐘的、敲板的、出坡❺的……是如何地熱鬧。即使是夜晚，也總有幾個管理燈火或值夜的僧眾，輕輕走動，讓東山寺充滿生氣。然而，爲了衣缽的事情，許多僧眾離寺南去，整個東山寺變得空蕩蕩，顯得有些不尋常。

可是神秀禪師沒覺得奇怪，反而覺得清靜。夜晚的微風，輕拂著他的臉頰，帶來一種舒服的感覺。而隨風捲起的衣袖和下襬，在靜謐的長廊發出窸窸

窣窣的聲音，伴著他走過鐘塔、鼓樓、大殿及東山寺所有的角落。

最後，他心情高昂地來到山頂的池塘。池塘的池面因為山泉汩汩地注入，而微微波動。教人注意的是，池裡綻放的白蓮，在銀白的月光下發出螢螢白光，一朵朵彷彿飄浮在半空中。

因為心裡沒有負擔，神秀禪師心頭一片清明，覺得萬事萬物和他融成一片。他望著池中的白蓮，突然憶起祖師們的話。禪家的祖師大德都主張，山中有靈氣，非常適合修行，如果還有清冽的泉水，則更是不可多得的好地方！因為山上的泉水清冷甘甜，是養生的藥水。而黃梅雙峰山靈氣、藥水都擁有了，可說是絕佳的修行場所。所以，神秀相信，雖然衣缽已經傳到南方去了，但是只要弘忍師父還留在東山寺，祖師留下來的禪法仍然會存在這裡，他也將隨著師父守護這一切，直到永遠永遠……。

❖註釋❖

❶僧團：寺院中出家僧人的團體。

❷有漏福報：漏是煩惱的別名，帶有煩惱的福報稱為有漏福報。

❸惡道：地獄、餓鬼、畜生合稱為三惡道，相對的則是人、天、阿修羅等三善道。

❹見性：見到自己真實的本性。

❺出坡：藉由身體的勞動，使道場能安僧度眾，弘揚佛法。

05

隱居玉泉寺

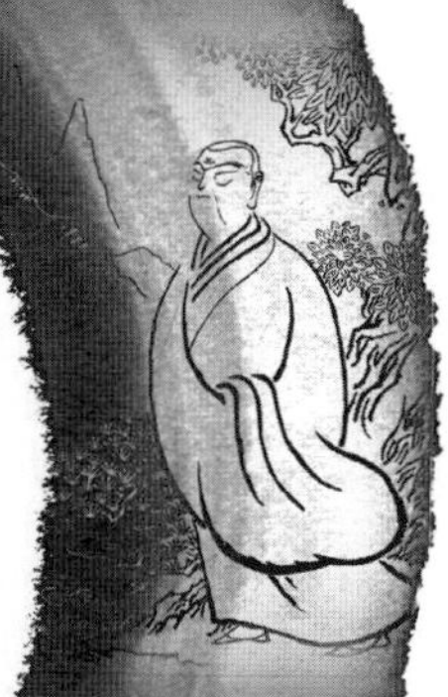

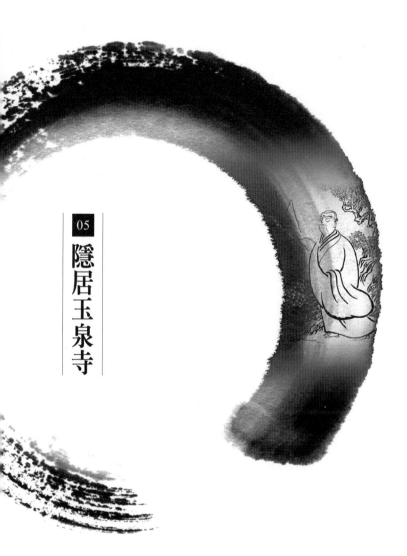

雖然神秀有永遠追隨弘忍師父的心願，可是師父卻於唐高宗上元二年（西元六七五年）圓寂，留給神秀和所有僧眾無盡的懷念。神秀強忍住心頭的傷痛，和東山寺的僧眾將師父葬於東山之岡後，黯然地離開東山寺，前往荊州玉泉山（今湖北當陽縣東南）的玉泉寺。

玉泉寺位於玉泉山下，風景秀麗。玉泉寺與江南棲霞山的棲霞寺、山東泰山的靈岩寺，以及浙東天台山的國清寺，同被譽爲「四絕」，堪稱天下風景最美的地方。

玉泉山本名覆船山，因爲山形像倒扣的舟船而得名。山上老樹蒼蒼，四季翠綠，所以有人又稱它爲「堆藍山」、「翠寒山」，世稱爲第三十三洞天。

在《方輿勝覽》這本書裡記載：「浮屠智顗，自天台飛錫來居此山。並於隋朝開皇十三年，創建玉泉寺。」顯示此山具有靈氣，連天台宗的智者大師都願意來此修行。

此外，大文學家李白也稱讚這個地方。在〈答族姪僧中孚贈玉泉仙人掌茶〉這篇文章裡，寫道：

「余聞荊州玉泉寺近清溪諸山，山洞往往有乳窟，窟中多玉泉交流……。」將山泉比喻爲玉泉，可見泉水豐沛、清澈。而仙人願意用此泉水烹茶請人喝，更可見泉水甘甜、清冽，可以烹煮出風味絕佳的茶水。由此種種，都可以證明荊州玉泉寺如黃梅雙峰山一樣，具有靈氣和藥水，才會被神秀禪師選中。

神秀禪師隱居在玉泉寺，按照祖師教導的方法，用功修行，並且有所證悟。因爲他已經體悟到祖師們所說的禪法，許多事物不再能拘束他，他的心常常處在如如不動的境界，竟使得他的容貌也變得年輕起來了。已經七十幾歲的他，卻有著紅潤的雙頰和嘴唇，加上慈祥的雙眼，給人容易親近的感覺。所以，他雖然沒有向外傳法，可是聽聞他名字的人卻愈來愈多，從遠地來向他求法的人也愈來愈多。

❇　❇　❇

一轉眼，又是十幾年過去。這一年，神秀禪師的同門師兄——專心弘揚東

山法脈的法如禪師，在嵩山少林寺去世了，許多法如禪師的弟子轉向玉泉寺來求法。而這個令人哀傷的消息，也隨著法如禪師的門人來到玉泉寺。

當神秀禪師聽到這個消息時，忽然想起弘忍師父在圓寂前曾說過的話：「我這一生，教過無數的弟子，但是只有幾個人能將祖師所留的禪法傳下去。其中一個是神秀。我曾經和他討論《楞伽經》，他讀得透徹圓融，我們討論得很愉快。此外，老安、惠能和法如，也都能擔負起教化一方的重責大任，我覺得很欣慰。」

弘忍師父的話，彷彿還在耳邊響著，法如師兄卻已經不在人世了，這讓神秀悲痛得無法言語。

神秀禪師的靜默，使得隨侍的弟子不知該如何是好？好不容易，有個弟子大著膽子問：「可不可以……，請師父爲我們介紹一下法如師伯？」

這是個難得的機緣，神秀禪師於是收起心中的悲痛，慢慢地說：

「法如師伯，十九歲出家，二十三歲時到黃梅拜弘忍師公爲師，並隨侍在師公身旁有十六年之久。那時他既年輕又精進，是我們大家公認最優秀的年輕禪者。

「弘忍師公圓寂後，他開始到嵩山少林寺開講禪法。當時向他習禪的弟子，每天有上萬人之多，可以說，東山法門的傳承與推廣，他當居首功！」有這麼一位了不起的師伯，所有的弟子都覺得與有榮焉，不自覺地挺了挺胸膛。

這時，另一位弟子又開口問：「師父，法如師伯的弟子，怎麼知道來這兒找您呢？」

「因爲他囑咐弟子們，要到玉泉寺來學習禪法。」

雖然這樣說，神秀禪師卻沒有露出絲毫得意的臉色。而弟子們卻暗自高興，慶幸自己找到一位好師父。

最後，弟子又問：「師父，法如師伯高壽多少？」

「只有五十二歲。唉！英才早逝啊……。」

聽到這樣，大家不勝唏噓，但也因此更能體會生命的無常，唯有警惕自己，不要浪費分秒的時日。

＊　＊　＊

由於玉泉寺很小，容納不了愈來愈多的弟子，很多人乾脆自己搭個草廬，在寺院附近安頓下來。一時間，一個接一個的草廬，在玉泉山蜿蜒排列，形成了一種特殊的景象。

神秀禪師爲了延續東山法脈，以八十五高齡，開始傳講他所體悟的佛法。這一天，許多弟子自動聚集在寺前的廣場，豎起耳朵，專心地聽。他依照禪宗北派的規矩，先爲大眾授戒，接著開講：

「當年世尊講經說法四十九年，說了許多法門，最終目的，是要我們認清世間事實的眞相。而他所說的各種法門，並不是互不相容或彼此對立，實在是世尊慈悲，想藉由不同的修學方法，接引不同根器的人。

「我也從經論中整理出五種修學方法，我把它們稱爲五方便門，今天就說給各位聽。」

大家一聽神秀師父要開講新的東西，都露出期待的眼神。

「第一個法門，叫作『離念門』，也就是教大家離開自己妄念的方法。」

神秀禪師頓了一下，大聲地問：「誰能告訴我，什麼樣的人是佛？什麼樣的人只配稱爲眾生？」

神秀禪師一開口，就直指問題核心，大家心裡一震，全都答不上腔，會場立刻鴉雀無聲。

「當年，佛陀在菩提樹下，因爲目睹天上明亮的星星而豁然開悟後，就曾說過，佛和眾生並沒有兩樣，只是佛是開悟的眾生，眾生是迷了自性❶的佛。你們知道嗎？」

這個問句，又有如當頭棒喝，問得大家心裡七上八下的。

「誰不想成佛啊？」

「師父只說眾生和佛一樣，卻沒有教我們怎麼去做佛啊！」

老禪師深沉的眼光，望了望弟子們，好像望穿了他們的心事，他又開口：

「眾生如果能夠離開妄念，就和佛沒有兩樣了。因爲眾生的佛性，是本來具有的，根本不須外求。」

這時，有人眼睛爲之一亮，透出難以言喻的興奮，露出更期待的眼神。

可是這時，神秀卻合掌一揖說：「今天我先講到這裡，各位回去體會體會，改天，我再繼續講解其他的四個法門。」

雖然只是短短的一段開示，在場的僧眾聽完之後，個個都覺得胸中一片光明，立刻各自退回到自己的草廬參究、用功，細細體會老禪師的法語。

幾天後，神秀禪師又鋪好座位，對弟子們解說其他的四個方便。

「今天要講『開智慧門』，又稱爲『不動門』。」

神秀禪師停頓了一下，說：「你們都想要開智慧嗎？」

不等大家回答，老禪師忽然重重一敲香板：「各位聽到聲音了沒有？」

香板很響，大家當然都聽到了，可是不知道老禪師問話的眞正用意，都不敢隨意回答。

神秀禪師靜默了好幾分鐘，才緩緩開口：「耳朵雖然聽到了，耳根要不動，心也不動，一直修下去，直到六根都不動，就處處自在了。又何必擔憂智慧不開呢？」

說眞的，以前大家都聽說過「開智慧」的名詞，甚至有人說，只要磕頭磕多少下，就會開智慧，似乎神奇得不得了。現在聽了神秀禪師的講述，大家正在用心體會，禪師又一敲香板，這一次卻敲得輕，聲音就在禪院裡慢慢地散了開來……。

午後的山嵐也正在此時昇起，霧氣瀰漫著禪院。大家跟著神秀禪師，靜靜地體會「不動」的境界；一、兩個時辰過去，霧終於漸漸地退去，露出了含笑的遠山……。

又過了幾天，神秀禪師接著講說第三個方便門，稱爲「顯不思議門」。

「你們告訴我：七天的時間很短嗎？一劫❷的時間很長嗎？」

大家你看我、我看你，不知道神秀禪師葫蘆裡又要賣什麼藥了？

神秀禪師又問：「我們常常覺得歡樂的時間過得很快，痛苦的日子走也走不完，又是爲什麼呢？」

「從前，有眾生認爲活在世上順心愜意極了，菩薩就變七天爲一劫，讓他盡情享受人生；又有一些有修行的眾生不願長久住世，菩薩就變一劫爲七天，讓他早日出離。

「凡夫有思有議，所以有長短分別；菩薩無思無議，長、短、苦、樂，哪有什麼不同，都是平等無二的啊！」

這時，有人覺得自心突然一片清朗，彷彿春天的太陽，明亮地照著大地，溫暖卻不刺眼，非常地舒服。那種感覺太好了，沒辦法用語言形容，漸漸地，人們連明亮、溫暖、舒服的感覺也拋諸腦後，時間好像眞的停在那兒，霎那間變成了永恆。

神秀禪師說完了第三個方便門之後，休息了好長一段時間沒有繼續往下說。玉泉寺裡每天日出日落，各人頭上一片青天，都在努力用功呢！

這一天，神秀禪師又陞座講法，傳授剩下的兩個方便法門：「明諸法正性門」和「了無異門」。

老禪師一上座還是先提問題：「上次說的『長短平等』，這些天來，你們都仔細參究了嗎？」

有人拚命地點頭，有人則默默地低下頭去，不敢說一句話。神秀禪師的眼光在弟子們身上轉了一圈，看不出特別的喜怒哀樂，只是平靜地繼續講下去。

「實際上，不只是長短平等無二，要知道：一切諸法的本來面目，也都是平等的呢！

「這就好比一個深水潭，雖然潭面會因風雨而有波紋漣漪，可是潭底卻能不受外界的影響，而產生任何的波動。萬事萬物本來就像深水潭底一樣，湛然無波啊！」

神秀禪師一口氣介紹完第四個法門，座下的弟子一個個都露出如獲至寶的表情，顯示他們得到極大的啓發。

正在這時，神秀禪師又開口了，他聲如洪鐘，無上大法就像洪水一樣奔湧而來。

「不動念是大定，不思惟是大智，不分別是大慧；修到這樣的境界時，眾

生和佛已經沒有什麼兩樣，不就等於走上無障礙的解脫大道了嗎？這就是所謂的『了無異門』啊！你們說，解脫的道路眞的很難走嗎？」

老禪師說完了大法，帶領大眾合掌迴向❸之後，轉身就消失在玉泉山的小徑上。

離開東山寺這些年來，神秀禪師經過「時時勤拂拭」的修行，早已掙脫當年的桎梏，如一葉輕舟，已行過千重山、萬重水，他眞是解脫自在了啊！

事後，有些弟子在操持勞務時閒聊了起來。

有一個坐在很後面的弟子說：「喝！沒想到，有這麼多僧人來聽師父說法。我因爲比較晚到，只能坐到最後一排，眞擔心聽不到。」

其他人好奇地反問：「結果呢？」

「哈！一字一句都非常清楚！就好像是特別爲我說的一樣。」

其他的人立刻轉頭，詢問坐在前面幾排的弟子：「那坐在前面的，不就『震耳欲聾』了嗎？」

那些弟子輕鬆地搖搖頭回答：「不會啊！也是一字一句很清楚呀！」有一個坐在最前面的弟子還強調：「我看師父就像平常講話一樣，臉不紅、氣不喘，也沒有聲嘶力竭的模樣，反而有一種輕鬆自在！」

大家這才了解，神秀禪師果真是個不平凡的人。

正如同當年佛陀說法時，除了常隨弟子一千兩百人外，也常有許多聽眾，坐得滿坑滿谷的。在沒有擴音器的時代，佛陀能讓每個人都聽得清清楚楚，那眞是非凡的本事。現在，神秀禪師也有這樣的能力，不是很了不起嗎？

❖ 註釋 ❖

❶ 自性：指一切現象的本體。

❷ 一劫：佛家以一千六百七十九萬八千年為一小劫，二十個小劫為一中劫，四個中劫為一大劫。表示時間很長的意思。

❸迴向：又作轉向、施向。以自己所修的善根功德，迴轉給眾生，並使自己趨入菩提涅槃。

06

弟子求法

神秀禪師的眾多弟子中，有四個非常好學，他們是義福、景賢、普寂和惠福。他們不僅專心聽師父講經說法，也隨時按照師父的指導修學。

這一天，他們又一起聆聽師父的教學。

神秀禪師說：「以前，我說了很多我體悟的佛法，並且強調五方便門。其實，它們都在幫助說明，我們這顆『心』是一切善惡的根源！」

他們四個一聽，全露出訝異的表情。因爲他們跟隨師父許久，好像沒聽師父這樣說過。

神秀禪師立刻看出他們的疑惑，微笑地補充：「不要懷疑，我這些話語，祖師大德，甚至世尊，早在許多年前就對我們說過了。」

四個弟子誠惶誠恐，趕緊跪地磕頭：「請師父爲我們說清楚。」

神秀禪師緩緩地道出：「因爲心既能種下善的種子，也能造出無限的罪惡啊！」

他們一聽，更迷糊了，義福忍不住開口問：「師父，弟子不明白，爲什麼心可以種善，也可以造惡？請師父再說明白些。」

077・076 | 弟子求法

老禪師清清嗓子，一字一句地慢慢說：

「我們本有的眞心，原來是清清楚楚、乾乾淨淨的，和世尊並沒有兩樣。但是因爲久遠劫來，我們放任不去管束它，隨它去接受亂七八糟的思想，它就被污染了。接著，它又指使我們的身體去做壞事，我們因而沉淪在三界❶之中，受到種種的苦。

「就像一棵大樹，樹根已經中毒了，所生出的枝枝葉葉也都是毒枝毒葉啊！」

聽了這樣的話，大家全都靜默了下來，陷入思考當中。因爲他們明白地知道，師父今天的開示和已往的開示，說的都是同一樁事情，而他們在自己參究的過程中，的確也覺得「心」是最難調伏的，只是沒想到，心竟然有這麼大的主宰力量！

「我們該怎麼辦，才能祛除心中的三毒❷呢？」義福問。

「既然一切的善惡，都從心生出來，一念心可以做一切的惡，也就可以斷一切惡啊！就如同波濤萬里的江河，我們隨著波濤翻滾，當然永遠沒法使它靜

下來。可是，如果我們把它的源頭截斷了，萬里江河不就止息了嗎？袪除三毒，也是一樣的道理啊！」

這時，普寂大起膽子問：「師父，您的意思難道是說：如果我們在一念之間斷除了三毒心，也就等於斷了萬惡嗎？」

神秀禪師點點頭：「不但如此，還同時可以生出無量的善呢！這正是我修學了十五年，如今要傳給諸位的『觀心法門』。」

普寂看看其他的人，好像還有問題。

神秀禪師對他鼓勵地點點頭：「繼續說吧！我相信許多人的情況跟你一樣，都是將信將疑呢！」

有了師父的鼓勵，普寂挺挺胸膛，往下說：「師父，如果一念心就可以袪除三毒，爲何還要時時勤拂拭呢？還有，難道念佛、修寺、鑄佛像、燒香、散花、燃光明燈這些佛事都不必要了嗎？」

神秀禪師露出嘉許的表情：

「時時勤拂拭，才能時時保有一顆清淨的心。至於說念佛，不是單單念在嘴上，要『念念在心』，來啓發自己的佛性。而修築寺院、鑄造佛像等，也是要求眾生『觀心』、『修心』；因爲寺院是清靜的處所，所以修築寺院，爲的是祛除三毒、潔淨六根，而鑄造佛像就像在熔煉我們的身心呢！

「所以，燒香、散花、燃光明燈，都不能只看表面的形式，更不該計較所獲得的功德有多少；當我們在做這些事情時，要懂得佛陀的本意，是要我們藉著這些事情，來磨鍊自己，以達到解脫的目的。

「記住，『凝心入定，住心看淨，起心外照，攝心內證』，你們要在日用平常處加緊用功，一定能有所體悟！」

有了這個實用的方法，弟子們都歡天喜地地退下，各自用功修學。

幾天之後，義福拉著普寂，又來找師父。

義福開門見山地嚷著：「師父，這不是太可怕了嗎？」

神秀禪師問：「什麼事情太可怕了？」

義福指著經書說：「經裡說，修行要經過三大阿僧祇劫，才能成就佛道。

三大阿僧祇劫，那是很長很長的時間耶！我們如何能做到？」

普寂在旁邊同意地點頭。

神秀禪師聽出義福的擔心，立刻安慰道：

「這個，你們毋須擔心。佛所說的『三大阿僧祇劫』，其實就是指我們的貪、瞋、癡三毒。因爲我們無法袪除心念中的三毒，才長年累劫地在六道❸裡流轉。

「只要拔除心中三毒的根，一念間便能獲得解脫了。我記得上次談過這個道理吧？」

義福還是覺得不可思議，他一向有打破沙鍋問到底的精神：「您的意思是說，只要通過『觀心』的修學方法，能在頃刻間開悟，就可以脫離輪迴了？」

普寂也追問：「時時保持心地清淨，就可以一下子到達佛的境界？」

神秀禪師點點頭：「是的，『時時勤拂拭，勿使惹塵埃』，爲的也是塵埃除盡，一念間頓超佛地啊！」

聽了師父的解釋，義福和普寂終於放心地退下用功去了。

神秀禪師望著弟子們的背影，回想起當年在東山寺弘忍師父跟前的往事；師父把衣缽傳給惠能，轉眼間已二十年了，惠能在嶺南的名聲也早已傳播開來。

他輕輕嘆了一口氣，默默地在心裡念道：「師父，雖然您沒有把衣缽傳給我，可是神秀用功至今，終於還是領悟了我們東山法門的心要。如今又有了肯用功的弟子，我把棒子這樣交了下去，也算是沒有辜負您的教導之恩吧？」

神秀禪師攏起衣襬，在一棵參天老樹下坐了下來。遠遠望去，老禪師不動如山，老樹的枝幹蒼勁糾結，頭頂上是白雲悠悠飄過，眞的是渾然一體了。

＊　＊　＊

神秀禪師的弟子中，有一個叫志誠法師的，雖然也認眞修學，可是卻始終不能體悟老禪師所說的境界，心裡很煩惱，不知如何是好？他幾次去請教師父，卻仍然摸不著頭緒。

這一天，他又誠惶誠恐地來請教師父，神秀禪師也爲他解說了許多時辰，

志誠依舊滿頭霧水，一臉迷惑。老禪師心裡明白，自己的修學方法不適合志誠，於是轉而勸告他：「志誠，你投在我的門下已經有一段時間了，可是我卻不能教導你什麼，我覺得很慚愧。我聽說惠能大師已經開始出來弘法，也許你應該到他那兒去學習才對！」

志誠一聽，支支吾吾地說：「弟子……也聽說了，可是……。」

難怪志誠露出猶豫的樣子。因爲古時候拜師求法，老師就像父親一樣，要專心追隨，除非老師答應，否則不應該見異思遷，聽說哪個好就追隨哪個。而在當時，許多老師的確緊拉著自己的弟子，不肯輕易讓他們轉投到別人的座下。所以，志誠難免有些顧忌。

神秀禪師微笑起來：

「你怕我不放你去？

「佛說八萬四千法門，就是爲適用不同根器的眾生。我的修學方法不適合你，你就應該尋求適合你的法門，才不會耽誤了這一生。

「假如，你是聽說惠能大師不識一字，而擔心他不能教你，那你就大錯特

錯了！

「要知道，惠能大師已經悟得無上甚深法門，我是自嘆不如呢！何況，他得到了五祖弘忍大師的衣缽，這是千眞萬確的事情。快去吧！別再猶豫了！」

志誠法師聽了師父如此說，頓時放下心中的大石頭，感激地跪倒在地，拜別了神秀禪師。

志誠法師投拜到惠能大師的門下後，發現大師所主張的「頓悟」法門，很適合自己的根器，如獲至寶，修學進步神速，沒幾年的工夫就開悟了。

除了志誠以外，還有多位弟子，因爲無法了解神秀禪師所說的禪法，而轉投到別的師父門下。

神秀禪師謙沖自在，胸懷似海；人來人去，他都看成是緣起緣滅，本來如此。當年患得患失的毛病，早已如灰飛煙滅，了無痕跡了。

❖註釋❖

❶三界：欲界、色界、無色界，都是凡夫生死往來的境界，所以佛教修行人以跳出三界為目的。

❷三毒：指貪、瞋、癡三種污染的心。

❸六道：佛教將天、人、阿修羅、地獄、惡鬼、畜生稱為六道，沒有解脫的眾生，就在六道中輪迴。

07

同修老安

這一天，神秀禪師在指示寺務時，有個弟子匆匆地走進來：「師父，有位自稱爲老安的老法師，要求見您。」

神秀禪師聽了，眼睛一亮，立即吩咐：「快！快請他進來！」

一邊說，一邊跟在後面跑了起來。

來到大殿，只見殿中有位鬚眉皆白的僧人，昂然站立，衣角隨著吹進殿中的微風，輕輕飄盪，顯出他超世脫俗的氣質。

神秀禪師快步地走向前，喜悅從聲音裡流露出來：「阿彌陀佛！老法師，許久不見了！」

看樣子，他好像要熱情擁抱眼前的這位老僧。但是，他卻在離老僧兩步遠的地方站住腳，自然地合起雙掌，彎腰一揖。

自稱爲老安的僧人，嘴角輕輕一揚，跟著合掌一揖：「阿彌陀佛！老和尚，老僧途經玉泉寺，特來相擾！」

神秀禪師的笑容洋溢在臉上，眼眶充滿了淚水：「歡迎！歡迎！請到方丈室一敘！」

這些話語和表情，讓候在一旁的弟子都看到、聽到了，大家不禁在心裡猜起老安和神秀禪師的交情。

原來，老安和神秀禪師都是弘忍師父的弟子。雖然老安足足比弘忍師父還要大二十歲，大家還是以同修相稱，只是不稱呼他的法號，改稱他爲老安。

老安的個性開朗寬厚，卻沉默寡言，早年出家後，修學大乘佛法，有很紮實的基礎。隋煬帝曾經徵召他入宮，宣講佛法，他卻避而不見，反而躲到太和山，獨自修行。之後，他轉到衡嶽寺，修頭陀行❶，對佛法有更深的體悟。

離開衡嶽寺後，他投拜到弘忍師父的座下，修學禪法。弘忍師父知道他很用功，也曾當著大家的面，稱讚他：「深有道行。」

弘忍師父的衣缽南傳後，老安獨自離開東山寺，來到終南山；看到終南山風景秀麗，覓了一個山洞，面壁靜坐。過了許多年，山下的人傳言，山上的石洞有仙人，於是唐高宗又召他入宮。不得已，他只好又離開終南山，到處雲遊。沒想到，竟遊到了玉泉寺，可以會見老同修。

師兄弟多年不見，自然有許多話要聊，方丈室裡的說話聲從早上響到晚上，直到安板才停歇。

接下來的幾天，玉泉寺裡常常見到神秀禪師陪著老安走動的身影。除了寺院本身，神秀也帶老安看了山裡的靈氣和泉水。神秀喜滋滋地介紹，老安則在一旁微笑、點頭，似乎也很喜歡玉泉寺及附近的環境。

這一天，陰雨綿綿，無法出門，神秀禪師和老安坐在方丈室裡，隨意地聊著。

神秀禪師問道：「老法師接下來打算到哪兒雲遊？」

老安穩穩地坐在位子上回答：「還沒決定，看機緣再說吧！」

神秀禪師聽了，閉上眼睛。一會兒後，開口又問：「您覺得玉泉寺的道風和環境如何？」

「很好啊！」老安還是穩穩地回答：「靈山秀水，同修們個個精進用功，很好！很好！」

「那麼……。」神秀禪師沒有露出高興或不高興的表情，隨口問道：「您願意駐錫玉泉寺，留下來當玉泉寺的住持嗎？」

「我……當住持？」老安露出驚愕的表情。

這會兒，換做神秀禪師沉穩地點點頭。那樣子，好像只是拿一樣東西，問人家要不要？

「是的，老法師。以前在弘忍師父座下，您就是最有資格的人了。這幾天我和你日夜相處，更感覺到不管是您個人的修學態度，或是修學所得，都可以成爲大眾的榜樣。

「您的不期而來，正顯示您和玉泉寺有緣。也許，您可以試試看？」

他們所談的是一個有硬體建築、有眾多弟子，可以傳承道風、發揚佛法的寺院。可是，神秀禪師彷彿把它當成一件衣服、一雙鞋子，只要有適當的人可以承接，他願意將它拱手讓人，毫不執著於他已建立的名聲，或豐厚的供養。反而是老安聽了，默不作聲，卻從座位站起來，走到窗戶邊，往外看。

綿綿的陰雨，像一層灰色的薄紗，輕輕地蓋住天地和所有的一切。雖是灰色的，但卻在光線和雨絲中，展現了深灰、淺灰、濃灰、淡灰……等等不同的灰。而山、水、樹木、花、草、房子，就在深、淺、濃、淡各種不同的灰色

中，呈現種種的姿態和變化……。山是灰濛濛的綠，近處的花草在淺灰中綠得耀眼；山腳下的樹木似乎是靜止不動的，眼前從屋簷滴下的水珠，卻一滴一滴地將牆角的石頭撞出凹痕。

望著窗外紛飛的雨絲，老安像一座雕像似的，動也不動一下。神秀禪師也沒露出急躁的表情，靜靜地安坐在位子上，似乎參究起來了。

時間在滴滴答答的水珠撞擊中，慢慢地滑過了。屋中的兩人，一個看著窗外，一個坐在位子上，互不干擾，剛剛的對話彷彿沒有結果。

驀然，老安轉了身，眼光爍厲，直直地望向神秀禪師，聲音異常地平靜：「謝謝您的好意！我不能接受。」

神秀禪師的眼皮抬了起來，好像意料中：「不願多做考慮？」

老安搖搖頭：「因緣沒有具足，多考慮反而會做出錯誤的決定。」

神秀禪師聽了，眼光頓時亮了起來：「老法師所言極是！神秀在東山寺寫偈時，正是犯了考慮太多的毛病。現在老法師再度提醒，有如當頭棒喝，令我汗顏啊！」

老安露出難得的笑容：「老和尚過謙了！誰不知您也是大利根器的人，老安無心的話，也能令您有所領悟，難怪弘忍師父在世的時候，常常稱讚您。」說到這裡，他頓了一下：「所以，玉泉寺有您的帶領，一定能將佛法發揚光大。」

聽了這話，神秀禪師趕忙從位子上站起來，彎身一揖，答道：「老法師過獎！當年在弘忍師父的門下，誰不知道您才是法門龍象，可以荷擔如來的家業。而神秀妄自陞座講經，無非是想將我們東山法門傳承下去，還希望祖師大德和老法師不要責怪才是。」

老安擺擺手：「哪兒的話！東山法門後繼有人，弘忍師父一定很高興，該慚愧的是老僧啊！在這兒打擾多日，也該離開了，謝謝您的招待，改天有緣，再來相擾。」

世人常爲人的相聚或離散，而有歡喜或煩惱。但神秀禪師早已體悟佛法的深意，知道因緣和合的道理。所以，聽到老安要離去的消息，他沒露出難捨的表情，只是合掌一揖說道：「好一個有緣再相聚。來日，我還要向老法師請益

禪

佛法！」

第二天，依舊是個陰雨的日子。老安在神秀禪師的目送下，衣袂飄飄地消失在綿綿細雨當中。他倆一句「阿彌陀佛」，就互道珍重了，根本沒有安排再見面的日子……。

❖註釋❖

❶頭陀行：苦行之一。棄離對食、衣、住、行的貪執，以修鍊身心。

08

兩京法王，三帝國師

「觀心」法門愈傳愈廣，最後，連剛登基當女皇帝的唐武后則天也聽到了，崇尚佛法的女皇帝立刻派遣使者去迎請神秀禪師。

神秀禪師進京的這一天，東京洛陽熱鬧非凡，萬人空巷，城裡的老老少少、大大小小，全擠在大街的兩旁，爭著看大師的丰采。

年過九十的神秀禪師，趺坐❶在轎子裡，穩如泰山，一點兒也不爲大街上的嘈雜所動。

轎子穿過洶湧的人群，來到皇宮前面。所有的人都拉長脖子，踮起腳尖，想看看接下來的景況。

根據皇室的規定，除了皇帝的轎子，誰也不能直接上殿。所有的官員、外國的使節，即使是外國國王，來到皇宮前，一定得下轎，用自己的雙腳走上殿。

沒想到，神秀禪師的轎子停也不停一下，轎夫扛著轎子，直接就上殿了。而坐在裡面的神秀禪師，動也沒動一下。

看到這種狀況，所有的百姓立刻了解皇室對佛法的崇敬。馬上，嘈雜的群

眾靜默了下來，匍匐在地，表現出對佛法最高的敬意。

而上了殿的神秀禪師，低頭垂目，趺坐在轎子裡，對於轎子來到武后龍座前的情形，似乎一無所知。倒是武后，一看到轎子上了殿，趕緊離開皇座，彎腰屈膝，快步地移到轎子前，以一國之尊的軀體，跪拜在地，迎請神秀禪師。滿朝的文武官員，看到皇帝親加跪拜，也趕緊跪下去，表示禮請佛法。

當時，有位中書舍人張說，也就是後來被唐中宗指派，製作〈唐玉泉寺大通禪師碑〉的人，也正排在官員隊伍裡，得以一睹神秀禪師莊嚴的法相。

他面見過神秀禪師後，忍不住讚歎：

「神秀禪師高大、挺拔，相貌堂堂。

「他的眉毛又粗又大，給人一種威武的感覺。但是，耳朵卻很修長，有另一種威德。他的口唇抿著，卻不緊張，眼神銳利，卻不壓迫人。舉手投足之間，都展露出王者的器度。

「他因爲出家，有佛法的熏修，處處流露出仁人智者的風範。我相信，要是他沒有出家，必是叱吒風雲的豪傑！」

許多無法親自面見神秀禪師的人，聽了這番話，都在心裡生出敬意。有些人甚至因爲錯失了這個機會，而扼腕頓足，覺得非常可惜！

因爲武后對佛法的尊崇，洛陽、長安兩地，一時佛法鼎盛，不管男女老少，人人都在參禪學佛。

武后將神秀禪師留在宮內，以便隨時可以請示佛法。這一天，武后又親自到老禪師駐錫的內道場，行過弟子禮後，她開口問道：「弟子斗膽，敢問師父，您所弘傳的法，是誰家的宗旨？」

「我秉持的是東山法門。」

早年，武后是內院的一名嬪妃，因爲皇室內部爭寵的緣故，不得已曾隱遁於佛寺之內，對於佛法也有相當的認識。因此神秀禪師提到東山法門，武后不是不知曉。

接著，武后又提出許多關於修學的問題，神秀禪師也一一利用「觀心」法門，詳細爲武后解說，直到武后明瞭爲止。

突然，武后想起什麼似的，開口又說：「說到師父的東山法門，這一次，

我到外地巡查時，曾碰到慧安老禪師……。」

神秀禪師眉毛揚了起來：「慧安禪師？老安！」

武后看到神秀的喜悅和驚訝：「是的，老安。我宣他到我的車下。」

「到您的車下？」神秀禪師覺得十分不可置信：「他也是一位有修學的沙門……。」

武后合掌恭敬地回答：「當時，我也是執弟子禮，以他爲師。眞的，在我的心目中，他和您都是我尊敬的老師。」

神秀禪師寬慰地笑起來：「太好了！太好了！聽您這麼說，就好像我也見到他一樣！要知道，弘忍師父對他也是讚譽有加的。」

這時，武后把藏在心裡的許多問題提出來：「師父，我聽說，南方有一位惠能禪師在弘揚佛法。依您的見解，他所說的是正法嗎？」

神秀禪師嚴肅地點點頭：「惠能禪師沒有經過師父的教導，自己就證到了開悟的境界，我遠不如他。何況我的師父——五祖弘忍大師，親自將衣缽傳給他，絕不是隨便託付的。我常常覺得遺憾，不能前去親自向他請益，卻在這裡

讀者服務卡

感恩您對法鼓文化產品的支持。為了提供更好的服務，請您回覆以下的問題並直接寄回法鼓文化。我們非常重視您的想法，因為您的建議將是我們進步的原動力！

＊是否為法鼓文化的心田會員？ □是 □否

＊□未曾 □曾經 填過法鼓文化讀者服務卡

＊是否定期收到《法鼓雜誌》？ □是 □否，但願意索閱 □暫不需要

＊生日：________ 年________ 月________ 日

＊電話：(家) ________________ (公) ________________

＊手機：____________________

＊E-mail：__________________________

＊學歷：□國中以下□高中 □專科 □大學 □研究所以上

＊服務單位：__________________________

＊職業別：□軍公教 □服務 □金融 □製造 □資訊 □傳播

□自由業 □漁牧 □學生 □家管 □其它 ________________

＊宗教信仰：□佛教 □天主教 □基督教 □民間信仰 □無 □其它______

＊我購買的書籍名稱是：____________________________________

＊我購買的地點：□書店_____ 縣/市_____ 書店 □網路_____ □其它_____

＊我獲得資訊是從： □人生雜誌 □法鼓雜誌 □書店 □親友□其它_____

＊我購買這本(套)書是因為：□內容 □作者 □書名 □封面設計□版面編排

□印刷優美 □價格合理 □親友介紹

□免費贈送 □其它____________________

＊我想提供建議：____

□我願意收到相關的產品資訊及優惠專案 (若無勾選，視為願意)

法鼓文化 TEL:02-2893-1600 FAX：02-2896-0731

廣告回函
台灣北區郵政管理局登記證
北台字第11073號
免貼郵票

112-44

台北市北投區公館路186號5樓

法鼓文化

讀者服務部 收

寄件人：

地址：

□先生 □小姐

市 縣 路街 段 巷 弄 號 樓

區 鎮 市區

□□□

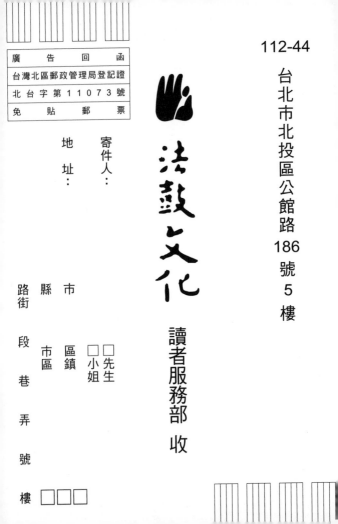

虛受國家的恩寵，實在太慚愧了。」

聽了神秀禪師的推薦，武后非常的高興，立刻下令：「寫一封詔書，馬上禮請惠能禪師入宮。」

第一次，惠能大師拒絕了。

接著，神秀禪師也親自寫了一封信，表示武后與自己求法的誠意，勸請惠能禪師到京師弘法。

第二次，惠能大師還是拒絕了。

第三次，唐中宗又下了詔書，希望能請惠能禪師入宮，接受供養。

這一次，惠能禪師讓使者帶回幾句話：

「我的形貌很醜陋，長得又矮小。如果皇上和北方人看了，恐怕會有不好的印象，連帶的還會不尊重我所傳的佛法。所以，我還是不要北上的好。

「此外，弘忍師父曾預言，說我和嶺南的眾生有緣，這也是不可違背的。因此，謝謝你們誠意的邀請，我還是留在嶺南比較好。」

雖然無法禮請到惠能禪師，武后卻更加認識神秀禪師寬大、謙讓的胸襟，對他倍加禮重，特尊他爲國師。並且下令，在湖北當陽設置度門寺、在河南尉氏設置報恩寺，來表彰神秀禪師高超的道德。

後來繼位的唐中宗、睿宗對神秀禪師也是一樣地尊崇，因此老禪師被推爲「兩京法王，三帝國師」，兩京指東京洛陽、西京長安，三帝指武則天、唐中宗、唐睿宗；禪師對佛法的弘揚，起了很大的作用。

❖註釋❖

❶趺坐：又稱跏趺坐，把腳盤在腿上的坐法。

09

神跡難測

神秀禪師雖被尊崇爲「兩京法王，三帝國師」，有皇室的供養，卻沒有因此在行爲或生活上放逸自己，依舊表現得很謙虛，過得很儉樸，和以往沒有兩樣。即使他如此的注意，許多沒有和神秀禪師接觸過的人，仍會常常猜測，是不是他有神通，所以才能使得皇室這麼尊敬他。

對於這樣的流言，神秀禪師並不多做解釋，只是告誡他的弟子：「時時維護清淨心，不要被外界所左右！」

這一天，晚上要安板前，神秀禪師突然把管理燈火的小沙彌叫過來：「天乾物燥，要小心火燭！」

小沙彌畢恭畢敬地回答：「大殿和走廊，以及寮房的燭火已經全部都吹熄了，只剩下長明燈。」

神秀禪師指示：「還是把它也熄了，免得發生火災。」

小沙彌驚訝地回答：「可是……師父，長明燈不是應該……。」

神秀禪師還是堅持：「熄了比較安全。」

小沙彌沒有再說什麼，只是依照師父的吩咐，把長明燈也熄了。大殿上頓

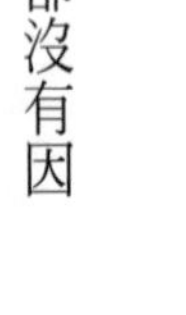

時一片漆黑，小沙彌心裡也七上八下。

「師父怎麼連規矩也不遵守了呢？」

出了大殿，正要走回寮房，抬頭忽然看見禪院裡草叢中一明一滅閃著許多螢火小燈籠。

「唉呀！原來天地間還是有不會熄滅的長明燈啊！」

小沙彌開心地笑了。

第二天，神秀禪師把大家召集過來，對大家說：

「我們出家人，除了三衣一缽，可說是身無長物。但是信眾們發心，建立道場，讓我們可以安心辦道，我們就有責任好好的維護道場，不使它受到破壞。

「最近天乾物燥，很容易因為沒注意火燭而釀成火災。以前，有一座寺院因為沒注意，結果大殿的幢幡隨風飄到佛前的蠟燭上，不幸造成了火災。

「又有一處寺院，因為僧眾帶著火燭到鐘樓，忘了帶下來而發生大火。

「至於最常發生火災的地方，大概就是藏經樓了。各位都知道，藏經樓全是易燃的紙抄經藏，稍一不慎，就會引燃大火，造成不可收拾的後果。

「所以，我再次地提醒大家，一定要隨時做好防火的準備，以免到時候手忙腳亂。」

「師父眞是小題大作，這樣的小事，竟要長篇大論地叨念。」弟子們心裡嘀咕，卻又不敢不從。

沒想到兩天以後，一個晴朗的早上，常住眾們聽到廊下的鐘聲，以爲是午前大供的時間到了，正排著隊要進入齋堂，卻聽到鐘聲一聲急過一聲：「噹噹噹噹！噹噹噹噹！」

仔細一聽，鐘聲中還夾著聲嘶力竭的喊叫聲：「失火了，失火了，鐘樓失火了！」

大家趕緊提了水桶，捧了臉盆，趕到鐘樓；很快地，竄起的火苗就在大家同心協力下被撲滅了。

大家驚魂甫定，議論紛紛：「幸虧師父耳提面命，否則哪裡找出這麼多水桶喲！」

「最重要的不是水桶，是那顆隨時警覺的心！」老禪師不知何時來到了眾人的身後。

前幾天心裡不以爲然，口裡嘀嘀咕咕的弟子們，聽師父這樣一說，全都紅了臉。

經過這件事情以後，弟子們對於神秀禪師的信心更加堅定，再也不動搖了。

10 大通禪師

韶光易逝，神秀禪師入京六年了，他的身體逐漸老邁，最後以一〇一歲的高齡，圓寂在洛陽的天宮寺，那一年是唐中宗神龍二年（西元七〇六年）。

出殯的這一天，王公貴人和老百姓，就像當初迎請他入京時一樣，擠跪在街道兩旁。所不同的是，當初是歡悅愉快的心情，引頸企盼神秀禪師的到來；如今，大家卻是淚流滿面，哭腫了雙眼，目送老禪師的靈柩，移往龍門（今河南洛陽的東南）。

神秀禪師的去世，對皇室是個重大的損失，唐中宗在哀痛之餘，特賜羽衣法物，以示皇室對他的尊崇，又親自送殯到洛陽午橋，才掩面而歸。同時，中宗皇帝詔賜神秀禪師謚號「大通禪師」，這是帝王詔賜謚號給僧人的開始。接著，他又敕令中書令張說製〈唐玉泉寺大通禪師碑〉，並在嵩陽輔山的山頂，爲神秀造了十三級的浮屠❶。

當年，隨著神秀禪師入京的弟子普寂、義福，也克盡弟子之禮，一路送到龍門。在神秀眾多的弟子中，就屬他們兩人最有名。

普寂，年少時即博覽經論典籍。年紀稍長，又四方求師，直到遇見神秀禪

師，才依止在他的門下，精進修學。神秀看出他是個法器，特別囑咐他研讀《思益經》、《楞伽經》等經書，並且告訴他：「這是禪門必讀的兩部經！」

普寂不僅深得神秀禪師的賞識，成爲上首弟子之一，後來也被唐中宗禮請入宮，代替神秀統領法眾。他八十九歲時，怡然自在地坐滅於長安興唐寺，賜諡「大照禪師」。他安葬的那天，長安城的老百姓傾城來相送，場面非常哀戚。

至於弟子義福，幼年便立志出家。十五歲，四出求學，廣習大乘經論。後來聽說荊州玉泉寺的神秀禪師擅長以智慧教化弟子，特地趕往荊州，投拜到神秀的門下。

義福用功修學，努力了幾年的工夫，終於開悟，並得到神秀禪師的印可。後來他也被禮請住持京城的慈安寺、福先寺、南龍興寺，每天來親近他的人，有好幾千人。七十九歲時圓寂，諡號「大智禪師」，士官百姓爲他服喪的有上萬人之多。

此外，普寂的弟子道璿到過日本，將神秀禪師主張的禪法傳到日本，所以

日本早期的禪法，主要是承襲神秀的系統。

雖然神秀禪師主張漸修的「觀心法門」，後來因爲惠能禪師「頓悟法門」的興起而逐漸被疏忽了，但是神秀禪師謙虛、寬大的胸襟，卻永遠留在後人的心中。

❖註釋❖

❶浮屠：即佛塔。

11 後來發生的事

神秀禪師被禮請入宮，在兩京弘法時，得到五祖衣缽的惠能大師，也開始在中國南方弘法。他們各傳各的，彼此並沒有什麼衝突，也沒有「南宗頓悟」、「北宗漸修」的分別，只是努力將佛法發揚光大。何況中國幅員廣大，就因爲他倆各在一方傳法，才使得佛法可以廣泛地流傳。在當時，不僅皇室及王公貴人在學佛，連販夫走卒也學佛，佛法因此深植在人們的心中。

直到唐玄宗開元二十二年（西元七三四年）正月十五日，神秀禪師與惠能大師都已經去世多年，惠能大師的弟子神會禪師，突然在滑台大雲寺（今河南滑縣白馬城）的無遮大會上，公開指出惠能大師所傳的禪法才是正宗的禪法；因爲惠能大師得到五祖的衣缽，是眞正的正統法嗣，神秀禪師並沒有。

於是，「南頓北漸」的說法才漸漸傳開來，一直流傳至今。

佛學視窗

- 時代背景
- 神秀禪師的思想
- 東山法門之弘布
- 神秀禪師的影響
- 神秀禪師年表

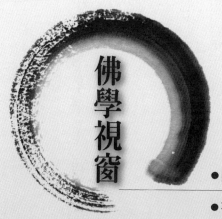

時代背景

神秀大師出生於隋煬帝大業元年（西元六〇五年），逝世於唐中宗神龍二年（西元七〇六年）。他的一生經歷了隋、唐兩代的顛峰時期，而他個人也造就了北宗禪的盛況。

隋唐的政局

兩晉南北朝三百年來混戰的局面，由於隋的統一而結束。此時中國國勢日益強盛，府庫的充裕爲亙古所未有。直到隋煬帝初年，富強達到極點，其後由於隋煬帝的縱欲，使國家走上衰亂滅亡的道路，總計隋朝盛世，前後不過二十餘年。

盛唐，大致上是指從太宗貞觀初年，中間經過高宗、武后、中宗、睿宗，直到玄宗天寶末年的一段時間，總共有一百二十多年，是唐帝國的極盛時期。唐太宗是這個盛世的創始者，他在位雖然只有二十三年（西元六二七至六四九年），卻結束了隋末以來紛崩的亂局，奠立了唐帝國長期富強康樂的基礎。由於他能虛心包容臣民的勸諫，而且能合度地選拔天下英才，因此當時的政治安定、民生樂利、百姓富足。此外，四夷歸順、大唐聲威遠播，蔚成後世著稱的「貞觀之治」，同時也造就了中國佛教的繁榮與鼎盛。

禪宗概況

唐太宗曾經感慨天下優秀僧尼道士人數的減少，所以度僧選才，並於貞觀九年（西元六三五年），命天下諸州排除不良僧尼，代之以人才出家。同時制訂了寺院的數目，以防止造寺起塔的風氣過盛，對於僧尼道士也確立了戶籍和公度的政策。有登錄的公度僧人與道士，政府對其身分會加以保護，並給予特別的恩典，並加強對私度僞濫僧人的取締。

禪宗在弘忍時期，主要是在東山一帶傳法，根據《歷代法寶記》記載，顯慶年間，唐高宗曾多次遣使召請弘忍入京，均被拒絕。弘忍繼承並發展了道信倡導的山林佛教的禪風，聚徒定居，生產自給，把禪的修行與勞動相結合，中國禪宗的基本組織形式與生活態度於是得到了確立。由於弘忍「法門大啓，根機不擇」，廣泛地接引天下學人，所以受到他的教誨者無數，此時禪宗的發展已具有相當的規模，並且開始受到世人的注目。

弘忍去世後，他的弟子分頭弘化，禪宗內部也醞釀著分化，逐漸形成了不同的派系，而神秀一系的禪法在當時相當受到歡迎，聲望如日中天。武則天曾經數度恭迎神秀入京說法，中宗及睿宗在位時對神秀禪師也非常敬重，當時神秀有「兩京法王，三帝國師」之稱。根據記載，當神秀爲武則天迎入宮中時，受到武則天親自跪拜，爾後聞風而來參拜神秀者，據傳一天多達數萬人。禪宗的名聲更因此流傳到全國各地，一直到神秀禪師圓寂，北宗禪依然居於禪宗的領導地位。

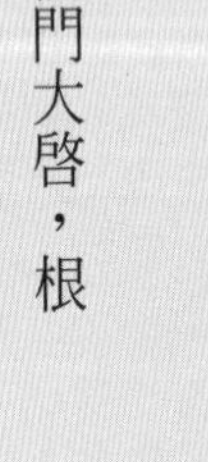

神秀禪師的思想

神秀在五十歲師事弘忍以前，已經是一位精通儒、釋、道三教，並經過六年修行生活的學者，在弘忍百千徒眾中，「神秀上座是教授師」，是大家公認的禪學理論家。

神秀禪師的禪法，主要是對弘忍大師「守本眞心」說的繼承與發揮。「守本眞心」主要是就清淨的眞心本體來立論，強調的是自心本來清淨，不生不滅，爲萬法的本源，只要守住這一自性圓滿的心，便能到達解脫之岸。

神秀在《觀心論》中強調：「心者，萬法之根本也。一切諸法，唯心所生，若能了心，萬行具備。」心不但是眾善的根源，也是萬惡的根本。修行解脫或沉淪三界，無不依於這個「心」。神秀認爲，觀心一法，總攝諸行，是上求佛道最爲省力的修行方法。

所謂的「觀心」，就是要明白清楚自己心中有種種的善惡煩惱，如果能非常專注地自我觀察，漸漸就能攝心並遠離各種邪惡不善之事，從而斷滅諸苦，自然解脫。神秀在強調「心爲出世之門戶，心是解脫之關津」的同時，更著重說明「三界輪迴，亦從心起」，顯示他的禪法重心在息妄、滅苦之修行特色。

神秀認爲，眾生之所以輪迴受苦，不得解脫，全在於無明之心障蔽了眞如之性，而無明之心雖然有八萬四千煩惱，然而簡要地說，都是由於貪、瞋、癡三毒所致。如果能夠袪除心中的貪、瞋、癡三毒，自然就煩惱不再而沒有苦了；因此，袪除三毒、清淨六根，就成爲觀心禪法的主要修習內容與所要達到的目的。

此外，神秀還用「觀心」來統攝念佛法門。他區別了口誦與心念的不同，並把念佛解釋爲「覺察心源，勿令起惡」。他認爲了知自心清淨是正念，若執著音聲則是邪念。神秀的念佛法門實際上也是觀心看淨，他把念佛與觀心聯繫在一起，並把向外求佛轉爲反觀自心。

值得一提的是，神秀的觀心法門也是主張「頓悟」的。只不過神秀所言的「頓悟」是建立在漸修「觀心」的種種基礎之上，唯有透過「息想」、「攝心」的禪定之後，才能顯出眞性。神秀禪法所著重的是背境觀心、息滅妄念的坐禪漸修法。這種息妄的修行，就好像磨鏡子一般，是慢慢成形的。《壇經》中神秀有言：「身是菩提樹，心如明鏡台；時時勤拂拭，勿使惹塵埃。」神秀這種以清淨心爲依持，強調「時時勤拂拭」的修行，正是北宗禪法的特色。

神秀禪師十分反對像修寺院、鑄像、燒香、散花、燃光明燈等外在形式主義的行爲，他對當時只在乎表面與形式耗費巨大財物的佛教行爲相當排斥。在他看來，「若不內行，唯只外求，希望獲福，無有是處」。他認爲唯有眞正地向內面對自己的問題，才是修行的根本，否則只是在追逐而已。

此外，神秀禪師把所謂的「三大阿僧祇劫」解釋爲「三毒心」，他認爲只要通過觀心以除三毒心，就是度得三大阿僧祇劫。由於他把袪除心中三毒的觀心法門取代了累世修行的說法，因此他在強調「時時勤拂拭」的同時，無形中也包含：「一念淨心，頓超佛地」的「頓悟」的觀念。

東山法門之弘布

湖北省黃梅縣的雙峰山（原稱馮茂山，又稱馮墓山），因爲位在縣境內的東邊，所以也稱爲東山。由於禪宗四祖道信大師與五祖弘忍大師長住此山接引學人、舉揚禪風，他們的學說與所傳的法門便被稱爲東山法門。

東山法門的門下最重要且形成派系，又可以考據的有：惠能系（在廣東曹溪）、神秀系（由荊州而入兩京）、法如系（在安徽、河南）、智詵系（在四川）等。雖然《壇經》中記載弘忍大師將衣缽傳給惠能大師，然而根據敦煌資料記載，當時弘忍的傳授應該是不拘於「一代只許一人」的。

關於弘忍的禪法思想，除了《楞伽師資記》及《宗鏡錄》卷九十七中有若干法語外，現存的只有《最上乘論》一卷。《最上乘論》的主題爲「守心」，也就是守住「自性圓滿清淨之心」，這個心也稱爲「我心」、「本心」、「眞心」等等。論中提出：「此守心者，乃是涅槃之根本，入道之要門，十二部經之宗，三世諸佛之祖。」此外，他在禪修實踐上強調隨心自在。從思想上來

看，此論的見解與神秀所傳的北宗禪比較接近。

在有關神秀的傳記資料顯示，弘忍曾讚歎：「東山之法，盡在秀矣。」並告訴神秀：「吾度人多矣，至於懸解圓照，無先汝者。」神秀應召入京，武則天曾問他：「所傳之法，誰家宗旨？」神秀回答：「稟蘄州東山法門。」又問：「依何典誥？」答曰：「依《文殊說般若經》一行三昧。」

一行三昧是心專於一，捨棄其他雜亂意念而修習的正定。它是由道信首先提倡，也是東山法門的根本，出於《文殊說般若經》，是一種念佛法門。而東山法門除了以它做爲禪修方法外，也有相近的念佛方便，然而它不是向外求他力的念佛，主要是以「佛」這個名詞，代表學法的目標。念佛是念念在心，深求佛的實義，也就是啓發自己的覺性，自成佛道。

現在一般談到神秀的禪法，都習慣將它與《楞伽經》聯繫在一起，認爲神秀的禪法繼承了達摩以來依持《楞伽經》的傳統。若以禪宗思想史的觀點來看，神秀的「觀心」說，其實是四祖道信、五祖弘忍東山法門的忠實繼承者。

神秀禪師的影響

從作於神會的北上挑起南北宗之爭以前的《傳法寶紀》與《楞伽師資記》等作品中，我們可以看出對神秀地位的公認與肯定，甚至公推他是禪宗的第六代祖師，而在正史《舊唐書》中也特別爲神秀立傳。可見在當時，神秀非常受到禪宗門徒及一般學者們的重視與尊重。

根據記載，武則天詔請神秀入京，並「親加跪禮……中宗孝和帝即位，尤加寵重」。當時神秀大師的聲譽如日中天，他的禪法於長安、洛陽一帶非常盛行，大師更被推認爲「兩京法王，三帝（武則天、中宗、睿宗）國師」。聽聞大師丰采，想親近他的人，據說每天多達萬人以上，可見他在當時的魅力與影響。

而禪宗開始受到帝王公卿，甚至平民百姓的注意，可以說與當時他的號召有非常大的關係。神秀雖然受到帝王的禮遇，但是並沒有因此排斥在南方傳法的惠能，反而向皇室推薦惠能，並介紹他的弟子到南方跟從惠能修學。可見神秀沒有自我的門戶之見及排斥異己的心態，是眞正的修行者。直到神秀大師圓

寂，禪宗法統的問題仍未被凸顯出來。

神秀禪師最重要的弟子，有嵩山普寂禪師及京兆義福禪師、玉山惠福、敬賢等，在當時，他的許多弟子都非常優秀，可以說是門庭隆盛。普寂禪師及義福禪師都先後入京，受到朝廷及王公士庶大眾的禮遇。此外，他的門人道璿最早到日本，因此日本早期的修禪者，大多是北宗禪神秀大師這一系統。根據記載，跟從神秀弟子義福修學的大乘和尚，曾到西藏教授禪學。

近代新發現的敦煌卷子中有幾個本子，一般認爲是神秀所述，而由其弟子們記錄整理，可以代表神秀北宗的禪法。它們是：《大乘無生方便門》、《北宗五方便門》（附讚禪門詩）、《大乘北宗論》、《觀心論》。這些對於有心修學禪法及了解北宗禪思想的人而言，都是非常珍貴的資料。

神秀禪師於神龍二年（西元七〇六年）二月示寂於洛陽天宮寺，享年一〇一歲，敕號「大通禪師」，這是禪門中最早受到的封號。

神秀禪師年表

中國紀元	西元	年齡	神秀禪師記事	相關大事
隋煬帝大業二年	606	1	出生於河南省開封。	
唐高祖武德元年	618	13	剃度出家。	隋朝滅亡，唐朝建立。
武德八年	625	20	在洛陽天宮寺受具足戒。	
唐高宗永徽六年	655	50	到湖北黃梅縣東山寺追隨五祖弘忍。	
龍朔元年	661	56	離開黃梅，到荊州天居寺專心修持。	

儀鳳元年	676	71	到荊州玉泉寺任住持。	
周則天武后天授元年	690	85	在玉泉寺度門蘭若開始弘法，延續東山法統。	武則天改國號曰周。
久視元年	700	95	武則天詔神秀等進京供養。	
大足元年	701	96	奉召入宮，任洛陽、長安兩京法王。	
唐中宗神龍二年	706	101	圓寂於洛陽天宮寺。	

國家圖書館出版品預行編目資料

兩京大法王：神秀禪師 / 林淑玟著；劉建志繪. -- 二版. -- 臺北市：法鼓文化, 2009.10

面； 公分

ISBN 978-957-598-486-1(平裝)

224.515 98016238

高僧小說系列精選 7

兩京大法王——神秀禪師

著者／林淑玟
繪者／劉建志
出版者／法鼓文化事業股份有限公司
編輯總監／釋果賢
主編／陳重光
編輯／李金瑛、李書儀
佛學視窗／朱秀容
封面設計／兩隻老虎廣告設計有限公司
內頁美編／連紫吟、曹任華
地址／台北市北投區公館路186號5樓
電話／(02)2893-4646 傳真／(02)2896-0731
網址／http://www.ddc.com.tw
E-mail／market@ddc.com.tw
讀者服務專線／(02)2896-1600
初版一刷／1997年3月
二版一刷／2009年10月
建議售價／新台幣160元
郵撥帳號／50013371
戶名／財團法人法鼓山文教基金會—法鼓文化
北美經銷處／紐約東初禪寺
Chan Meditation Center (New York, U.S.A.)
Tel／(718)592-6593 Fax／(718)592-0717

法鼓文化